창의적 문제해결 이론과 사례

TRIZ Level 2

(사)한국트리즈협회 지음

김익철 · 박영수 · 송용원 · 주재만 · 최승우

GS인터비전

목 차

Chapter 1

기술 시스템

1.1 기능과 시스템

1.1.1 기능적 시각으로 시스템을 이해하자!

세상에 존재하는 시스템의 유형은 크게 두 가지 종류로 나눌 수 있다.

인간이 만들지 않은 자연시스템과 인간이 만든 인공시스템이다. 인간이 만들지 않은 것들은 스스로 존재하는 자연시스템이라고 부른다. 나머지는 인간에 의해 변형되거나 만들어진 것들을 인공시스템(man-made system)이라고 부른다. 우리는 자연시스템이 왜 존재하는지 왜 만들어 졌는지 알지 못한다. 그것은 종교나 철학적 주제이다. 그러나 인간이 만든 시스템은 스스로 존재하는 것이 아니라 인간이 분명한 목적을 가지고 탄생시킨다. 그것은 바로 인간이 원하는 기능을 수행하는 것이다. 기능(Function), 이것은 인공시스템의 존재 목적이다.

인공시스템을 기능적 시각으로 바라보고 다루는 것은 매우 중요하다. 트리즈가 한국의 대표적인 가전제품 제조회사의 기술개발 및 문제해결 도구로 정착할 수 있었던 것은 다양한 프로젝트에서 좋은 성과를 만들었기 때문이었다. 그중 한 가지 성공사례는 냉장고 홈바의 문을 지지해 주는 L자형 링크(걸쇠)를 창의적으로 개선한 사례이다. 초기 냉장고 홈바의 도어를 지지해 주는 것은 아래의 왼쪽 그림에서 보는 것과 같이 금속으로 된 L자형 링크였다. 이것은 외국 기업이 특허를 등록한 것이라 사용할 때마다 로열티를 지급해야 했고 디자인도 그리 예쁘지 않아 개선이 필요했다. 이를 개선하기 위해 당시 엔지니어들은 링크의 재질이나 모양을 바꾸기 위한 시도를 통해 유사 특허를 만들기도 했지만 혁신적인 해결안을 도출하지 못했다.

그 이유 중 하나는 사람들이 냉장고 홈바의 부품 자체를 개선하고자 하는 시도를 했기 때문이다. 하지만 트리즈전문가가 이 프로젝트에 참여하면서 새로운 시각으로 개선을 시도했다.

즉, 기능적 시각으로 제품(부품)을 분석한 것이다. L자 링크 자체를 생각하며 제품을 개선하고자 한 것이 아니라 이 부품의 기능을 파악하고 개선하고자 시도했다. L자 링크의 존재 목적(기능)은 홈바의 도어를 지지해 주는 것이기 때문에 우리에게 진정으로 필요한 것은 홈바를 잘 지지해줄 수 있는 기능이었다.

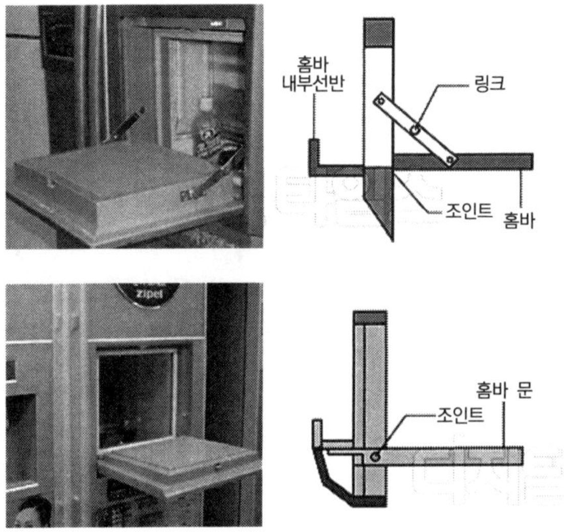

<그림 1.1> 냉장고 홈바의 L자형 링크

이러한 기능적 시각으로 분석을 한 뒤 기존의 특허를 피하면서 홈바의 도어를 쉽고 경제적으로 지지해 줄 수 있는 간단한 아이디어를 도출해서 특허를 출원하게 되었고 이후로 모든 냉장고 제조업체들이 특허료를 내고 이 방법을 사용하게 되어 수백억 원이 넘는 경제적 이득을 얻을 수 있게 되었다. 이 사례처럼 인간이 만든 기술시스템을 다룰 때 부품 그 자체보다도 먼저 부품이 가지고 있는 기능을 파악하고 기능을 개선하려는 기능적 시각을 갖는 것이 매우 중요하다.

1.1.2 기능의 정의

기술시스템의 기능은 일반적으로 “구실이나 작용” “어떤 실체의 존재 목적 또는 특징적인 동작”(네이버 사전) 등으로 정의하고 있다. 하지만 트리즈에서는 창의적으로 아이디어를 도출하거나 문제해결을 위해서 기능을 구체적이고 과학적으로 다음과 같이 정의한다.

"시스템이 가지고 있는 특성을 활용하여 시스템 외부에 있는 대상(작동 대상)의 상태를 변화시키거나 유지시키는 작용(action)"

시스템의 기능이 수행되면 인간이 원하는 결과가 얻어진다(인간의 need가 만족된다). 예를 들면 볼펜의 기능은 작동 대상인 종이에 흔적을 남기는 것이다. 볼펜을 다루는 엔지니어는 종이 위에 흔적을 잘 남기도록 하는 기능에 모든 관심을 집중해서 볼펜을 개선해야 한다. 그리고 우리는 볼펜의 기능을 이용하여 글이나 그림을 그려 자신의 생각이나 감정을 다른 사람들에게 전달하는 결과를 만들어 낸다. 기능에 대한 개념을 도식화 하면 <그림 1.2>와 같다.

기능은 기능을 수행하는 주체(시스템 또는 도구)와 작동 대상 그리고 대상에 가해지는 작용을 표현할 수 있는 타동사로 표현될 수 있다. 기능 표현 3요소는 도구(주어), 타동사, 대상(목적어)으로 기능의 핵심은 작용을 통해 대상의 특성을 변화시키거나 유지시키는 것이다.

우리가 원하는 것은 대상의 특성이 바뀌어 나타난 결과이다. 선풍기의 기능은 작동 대상인 공기를 움직이는 것이다. 여러 가지 부품으로 구성된 시스템뿐만 아니라 각각의 구성 요소 또한 고유한 기능을 가지고 있다. 앞의 냉장고 홈바의 예에서 L자 링크의 기능은 작동 대상인 홈바의 문을 지지하는 것인데 홈바의 문이 90도에서 더 내려가지 않고 유지될 수 있도록 하는 것이 우리에게 필요한 것이다. 기능에 대한 정의를 이해하면 인간이 만든 인공시스템(man-made system)의 개발 프로세스를 체계적으로 이해할 수 있다.

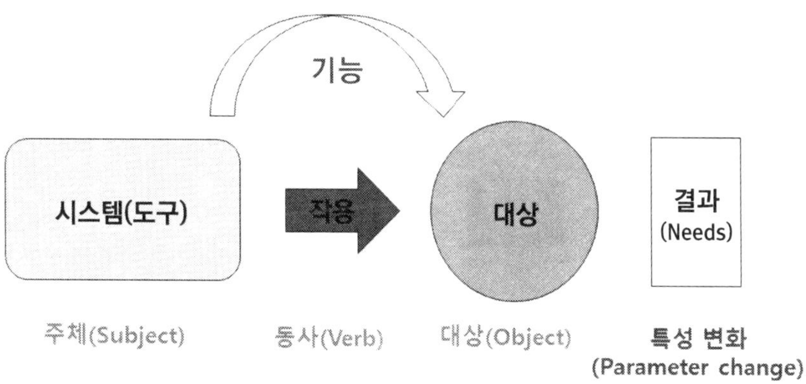

<그림 1.2> 기능에 대한 개념

1.1.3 결과적 기능과 작용적(Action) 기능

일반적으로 사람들은 기능을 결과 중심적으로 표현한다. 예를 들면 선풍기의 기능은 사람을 시원하게 만드는 것이다. 하지만 선풍기가 물리적으로 하는 일은 공기를 움직이는 것이다. 즉 작동 대상인 공기를 움직이는 작용적(action) 기능을 수행하는 것이다. 따라서 기능을 결과적 시각에서 보는 결과적 기능과 물리 화학적 프로세스 시각으로 보는 작용적 기능으로 분리해서 생각하는 것이 필요하다(냉장고 홈 바 L자 링크의 기능이 문을 지지하기 위한 것처럼 일부 시스템은 결과적 기능과 작용적 기능이 같을 수 있다). 인간이 원하는 것은 결과적 기능이다. 이를 얻기 위해 적절한 작용을 만들어 내는(작용적 기능을 수행하는) 기술 시스템을 만들어 사용한다.

기술 시스템을 다룰 때 결과적 기능과 작용적 기능을 모두 생각해 보면 다양한 아이디어를 얻을 수 있다. 예를 들어 선풍기를 다룰 때 우리가 원하는 결과적 기능은 사람을 시원하게 만들어 주는 것이다. 다만 사람을 시원하게 만들어 주는 시스템은 선풍기뿐만 아니라 부채, 에어컨 등 다양하다. 결과적 기능을 만들어 내는 또 다른 방법의 가능성을 알고 선풍기 문제를 다뤄야 한다. 그리고 선풍기를 잘 작동하게 만드는 것은 작용적 기능이 잘 수행하도록 하는 것이므로 선풍기 문제를 다루는 것은 작용적 기능의 문제를 다루는 것이라고 할 수 있다.

1.1.4 기술 시스템 개발 프로세스

기술 시스템은 인간의 니즈(needs)를 만족시키기 위한 것으로 결과적 기능을 얻기 위해 탄생한다. 즉 대상의 특성을 바꾸거나 유지시켜 우리가 원하는 결과를 만드는 것이다. 시스템이란 인간이 원하는 결과를 만들기 위해 필요한 작용적 기능을 수행하도록 만들어 진다.

예를 들면 사용하고 남은 음식들을 집안에 보관하다보니 쉽게 부패하는 문제가 발생하였다. 인간의 니즈가 발생하면 R&D 과정을 통해 음식물이 부패하는 원인을 규명하고 이러한 문제를 해결할 시스템이 개발된다. 연구를 통해 미생물 번식이 음식물을 부패하게 만드는 가장 중요한 이유임을 알게 되었고 미생물이 잘 번식하는 3대 조건(온도, 습도, 산소)도 알게 되었다. 음식물이 부패하는 문제를 해결하기 위해서는 아래와 같이 온도, 습도, 산소의 세 가지 작동 대상을 변화시키면 되는 것이다.

☑ 산소를 제거하는 도구 개발 - 진공포장기 또는 질소나 아르곤 가스로 포장하는 도구
☑ 습도를 제거하는 도구 개발 - 건조기
☑ 온도를 낮추는 도구 개발 - 냉장고

이처럼 기술 시스템은 인간의 니즈가 무엇인지 파악하고 연구를 통해 작동 대상을 선정한 후 그 대상의 상태(parameter)를 바꾸거나 유지시키는 기능을 가진 도구(시스템)을 개발하는 것이다.

안경의 예를 가지고 다시 설명해 보자. 사람들의 눈이 나빠져서 잘 보고 싶은 니즈가 발생했다. 학자들은 눈의 구조를 연구하고 왜 눈이 잘 보이지 않는지 원인을 규명할 수 있었다. 눈은 다음 그림과 같이 각막, 동공, 수정체, 망막, 시신경 등으로 구성되어 있다.

각막과 수정체를 통과한 빛의 초점이 망막에 맞으면 눈이 잘 보이지만 초점이 망막 뒤에 맺히거나(원시) 앞에 맺히면(근시) 사물이 잘 보이지 않게 된다. 눈을 잘 보이게 하려면 빛의 초점이 망막에 맺히도록 조절을 해야 한다. 빛을 굴절시키는 도구가 필요하다. 초점이 망막 뒤에 맺히는 원시인 경우는 볼록렌즈를 사용하

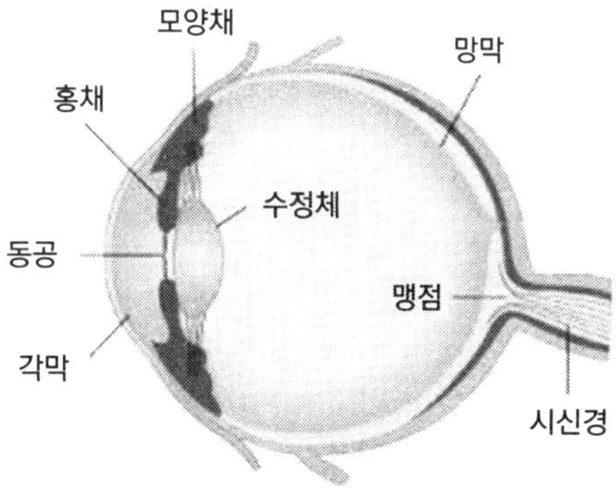

<그림 1.3> 눈의 구조

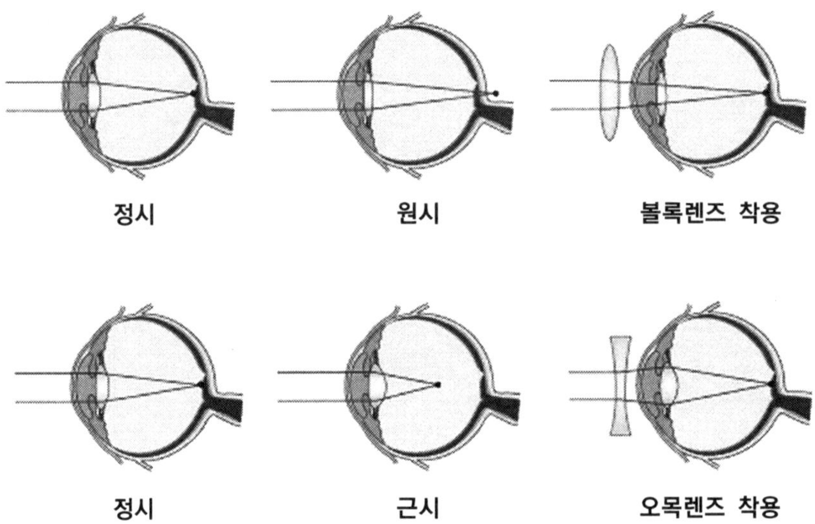

<그림 1.4> 원시와 근시에 따른 문제해결

여 초점을 앞으로 당기고 근시인 경우는 오목렌즈를 사용하여 초점을 뒤로 밀어 망막위에 초점이 맺히도록 하는 안경을 개발하여 사용한다. 잘 보기 위해서는 빛을 굴절시킬 수 있는 도구가 필요한 것이다. 안경의 기능은 빛을 굴절시키는 것이다.

1.1.5 기능의 종류

기능은 유용성과 중요도에 따라 기능을 분류해 볼 수 있다.

유용성에 따른 기능은 다음과 같이 분류할 수 있다.

① **유용한 기능(Useful Function) : 사람에게 유익한 기능 즉 우리가 의도했던 기능**
② **유해한 기능(Harmful Function) : 사람에게 해를 끼치거나 원하지 않는 결과를 만들어 내는 기능**
③ **중립적 기능(Neutral Function) : 사람에게 유익하지도 유해하지도 않는 기능**

중요도에 따른 기능은 다음과 같이 분류할 수 있다.

④ 주요기능(Main/Basic Function) : 시스템을 만들 때 의도한 핵심기능
⑤ 추가기능(Additional Function) : 주요기능 외에 시스템이 수행할 수 있는 또 다른 추가적 기능(상위 시스템이 대상인 경우)
⑥ 보조기능(Auxiliary Function) : 주요기능이 이루어지도록 돕는 기능 (시스템 요소가 대상인 경우)

모든 시스템은 유용성과 중요도에 따라 기능을 분석해 볼 수 있다.

예를 들면 촛불의 주요기능은 방을 밝히는 것이다. 하지만 냄새를 제거하거나 장식을 하는 다양한 추가적 기능을 수행한다. 유용성의 측면에서 기능을 분석해 보면 빛을 발산해 방을 밝히는 것은 유용한 기능이지만 그것을 위해 방에 있는 산소를 소비해서 밀폐된 공간에 촛불을 켜 놓으면 사람을 질식시킬 수 있는 유해한 기능을 가지고 있다. 반면 빛과 함께 열을 발생시키는 것은 중립적인 기능이 될 수 있다(만약 여름이라며 유해한 기능이라 말할 수 있다). 기능은 상황과 조건에 따라 다르게 분석될 수 있다. 분석자가 본인의 입장에서 체계적으로 분석하여 활용하면 된다.

1.1.6 유해한 기능

유익한 기능을 위해 기술 시스템이 탄생하지만 의도하지 않은 유해한 기능이 발현될 수 있다는 것은 중요한 시사점을 가지고 있다. 많은 문제는 우리가 원하는 유익한 기능을 수행하도록 만든 도구에서 의도하지 않았던 유해한 기능이 발생하는 것이다. 유해한 기능을 그림 1.5와 같이 도식화 할 수 있다. 유해한 기능은 도구와 대상 사이에 실선 대신 꼬불꼬불한 뱀선으로 표현한다.

문제를 분석할 때 기능적 시각으로 도식화 시키는 것은 매우 유용하다.

문제(Problem)는 우리가 원치 않는 해로운 결과가 발생한 것을 말한다. 해로운 결과가 발생했다는 것은 그것을 만들어 내는 유해한 기능이 존재한다는 것이다. 즉 구체적으로 유해한 기능을 만들어 내는 도구와 대상이 존재하는 것이다. 문제를 분석한다는 것은 유해한 기능을 만든 구체적인 도구(요소)와 대상을 찾는 것이다. 앞의 촛불의 예에서 사람을 질식시킨 유해한 결과를 만들었다면 그것을 만든 도구는 촛불이 되고 대상은 산소가 된다(촛불이 산소를 소비한다. 즉 연소반응에 의해 산소와 결합하여 소비한다).

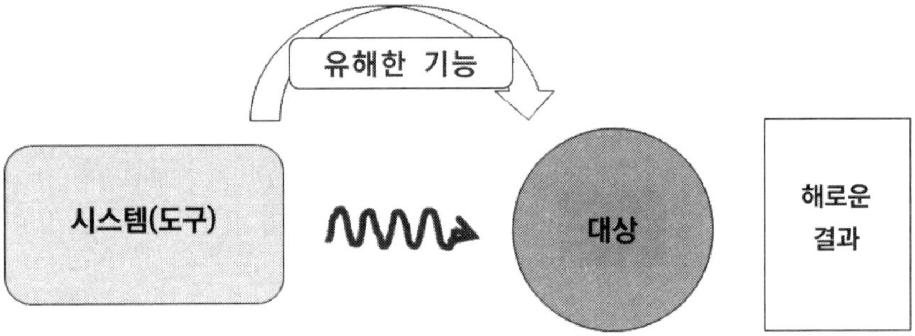

<그림 1.5> 유해한 기능

1.1.7 시스템의 이상성

시스템은 탄생해서 끊임없이 더 좋은 시스템으로 발전해 나간다. 시스템의 발전 단계를 평가하는 방법으로 이상성(Ideality)을 사용한다.

$$\text{이상성}\,(Ideality) = \frac{\sum \text{유용한 기능}\,(useful\,function)}{\sum\,[\text{비용}\,(cost) + \text{해로운 기능}\,(harmful\,function)]}$$

인간이 만든 시스템은 이상성이 점점 증가되고 궁극적으로 무한대가 되도록 계속해서 발전해 나간다. 이상성(Ideality) 정의로부터 인간이 만든 시스템을 개선해 나가는 몇 가지 전략을 찾을 수 있다. 즉 이상성이 증가되려면 분모를 줄이거나 분자를 증가시키는 다음과 같은 전략을 수립할 수 있다.

⑦ 유용한 기능의 개수를 증가시킨다.
⑧ 기능을 수행하는데 들어가는 비용을 줄인다.
⑨ 시스템에 존재하는 유해한 기능을 찾아서 제거한다.
⑩ 비용이 증가되더라도 기능의 효율이 증가되거나 유익한 기능의 개수가 증가된다.

<그림 1.6> 최초의 이동식 전화기

<그림 1.7> 최초의 개인 이동식 전화기 발명자 마틴 쿠퍼(Martin Cooper)

예를 들어 휴대폰의 발전사를 생각해 보자. 최초의 이동식 전화기는 40Kg이 넘어 자동차에 싣고서 다녀야 했고 가격도 고가라 몇몇 특권층 사람들만 사용할 수 있었다.

최초로 인간이 개인적으로 가지고 다닐 수 있도록 개발된 휴대폰의 무게는 3Kg이 넘었고 단순히 통화만 할 수 있는 한 가지 기능만 수행했으며 통화가능 시간은 고작 45분이었다. 휴대폰은 계속적인 발전을 통해 무게, 크기, 에너지 소비, 가격 등이 줄어들게 되었고 통화라는 기본 기능뿐만 아니라 시계, 계산기, 라디오, MP3, TV, 네비게이터 등 수많은 기능을 수행하는 스마트 폰으로 발전되었다.

<그림 1.8> 핸드폰의 발전

이처럼 인간이 만든 시스템은 인간이 원하는 기능을 수행하기 위해 탄생해서 끊임없이 이상적인 시스템이 될 수 있도록 진화해 나간다. 이상성(Ideality)의 시각에서 시스템을 발전시켜 나가는 전략을 다음과 같이 생각해 볼 수 있다.

1.1.8 유해한 기능을 찾아 개선하라

앞에 제시한 이상성의 정의로부터 시스템을 발전시킬 수 있는 첫 번째 전략은 시스템이 가지고 있는 유해한 기능(현상)을 찾아서 개선하는 것이다. 모든 시스템은 우리에게 유익한 기능을 수행하지만 동시에 유해한 기능을 수행하기도 한다.

혁신가들은 시스템의 유해한 기능에 관심을 갖는다. 유해한 기능을 찾아서 그것을 개선함으로써 새로운 발전된 제품을 만드는 것이다. 날개 없는 선풍기를 만든 다이슨社의 CEO 맥스 콘체는 기존 제품이 가지고 있는 불편하고 유해한 기능을 찾아 개선하는 신제품 개발 전략을 가지고 있다. 날개로 인해 어린이들이 사고를 당하거나 여러 가지 유해한 현상을 만드는 것을 보고 그것을 개선해서 히트상품인 날개 없는 선풍기를 만들었고, 진공청소기 유해한 기능을 개선한 먼지봉투 없는 진공청소기를 만들어 큰 돈을 벌었다.

그는 조선일보와의 인터뷰(2014. 9. 11)에서 "당신이 지금 사용하기에 가장 불편한 제품이 바로 다음에 우리가 출시할 제품이다."고 말했다. 보통사람들은 제품의 유용한 기능에 만족하며 사용하지만 혁신가는 유해한 기능에 관심을 가지고 그것을 개선한 새로운 제품을 개발하는 사람이다.

사람들은 유익한 기능을 수행할 수 있도록 최대한 관심을 가지고 제품을 개발한다. 하지만 의도하지 않게 시스템이 유해한 기능을 수행하여 제품 출시 후 많은 문제를 발생시킬 때가 있다. 시스템을 개발할 때나 개선할 때 시간의 흐름에 따라 다른 시스템과 상호작용으로 인해 발생할 수 있는 유해한 기능이 무엇인지 잘 살펴야한다. 트리즈에서는 AFD(Anticipate Failure Determination : 실패 예측법)라는 방법을 활용하여 제품 개발에 전문적으로 활용하고 있다.

1.1.9 새로운 기능을 추가하라

시스템을 개선하여 발전시켜 나가는 두 번째 방법은 기존의 기능에 만족하지 않고 새로운 기능을 시스템에 추가하는 것이다. 시스템은 기능을 수행하기 위해 여러 가지 부품으로 구성되어 있다. 시스템이 가지고 있는 부품들을 잘 활용하거나 외부에서 약간의 추가적인 부품을 도입하면 또 다른 기능을 만들 수 있다.

따라서 시스템의 기존 기능 외에 사람들이 필요로 하는 니즈(Needs)를 잘 파악하여 추가적 기능을 구현하면 시스템은 발전한다. 연필을 사용할 때 때로는 잘못 써서 지우개를 필요로 한다. 이러한 니즈를 개선하여 쓰는 기능 외에 지우는 기능을 가진 지우개 달린 연필이 탄생했다. 앞에서 언급한대로 핸드폰은 원거리 무선 통신을 위해 탄생했지만 시간이 가면서 시계, MP3 player, 인터넷, 네비게이션 등 수많은 기능이 추가되어 다기능 스마트 폰으로 진화되었다.

탁상시계를 개선한다고 생각해 보자. 탁상시계의 기능은 너무나 자명하기 때문에 개선의 여지가 크게 있어 보이지 않는다. 하지만 어떤 시스템도 항상 개선의 여지를 가지고 있다. 이상성(Ideality)라는 큰 틀에서 보면 현재 기능을 수행하면서 가격을 줄이던가, 유해한 기능을 파악하여(또는 불편한 것) 개선하던가, 사람들이 필요로 하는 새로운 기능을 추가적으로 넣는 것이다.

추가적 기능은 인간의 니즈를 기반으로 선택되기 때문에 깊은 통찰에서 나온다. 탁상시계는 보통 사람들이 일하는 책상이나 침대 옆 독서 등 탁자에 위치한다. 이런 상황에서 시간을 알려주고 알람을 울려주는 것 외에 사람들에게 필요로 하는 것이 무엇이 있을까 관찰해야 한다. 이 때 앞에서 언급한 트리즈의 기본 개념인 시스템적 사고의 틀로 시간과 공간, 상위 시스템과 하위 시스템적 관점으로 관찰을 해야 한다.

예를 들어 많은 현대인들이 불면증에 시달리고 있는 것을 관찰하여 탁상시계에 일반적인 잠을 깨우는 알람기능 외에 잠자는 것을 도와주는 기능을 넣는다면 독특한 새로운 시계가 될 것이다(음악이나 특정한 리듬 및 주파수의 소리 또는 아로마테라피 등 다양한 방법이 있을 수 있다). 또는 녹음 기능을 넣어 사랑하는 연인들이 자신의 목소리를 녹음하여 알람으로 사용할 수 있게 한다거나 연말연시에 자신의 계획을 녹음하여 아침알람으로 사용하여 의지를 강하게 하여 신년계획을 성공하게 도와주는 "성공 시계"를 만들 수 있다.

1.1.10 하이브리드(Hybrid) 시스템

시스템을 발전시켜 나가는 또 하나의 전략은 같은 기능이나 유사한 기능을 수행하는 시스템과 결합하여 하이브리드(hybrid) 시스템을 만드는 것이다.

하이브리드 시스템 개념을 이해하기 위해 간단한 스푼과 포크의 사례를 가지고 생각해 보자. 두 가지 시스템 모두 음식을 먹는데 활용하는 유사 기능을 가지고 있는 시스템이다. 그런 경우에 두 가지 시스템에서 한 개를 선정하여 기반 시스템으로 삼은 뒤 남은 다른 시스템의 중요 특성을 가져다가 적용시켜 하이브리드 시스템을 개발하는 것이다. 스푼을 기반으로 해서 유사 기능을 수행하는 포크의 특성을 가져다가 스푼의 앞부분에 결합하여 새로운 하이브리드 시스템을 만들 수 있다.

하이브리드 시스템에 대한 개념을 이해했으니 좀 더 기술적인 시스템에 적용시켜 보자.

<그림 1.9> 포크와 수저의 하이브리드시스템

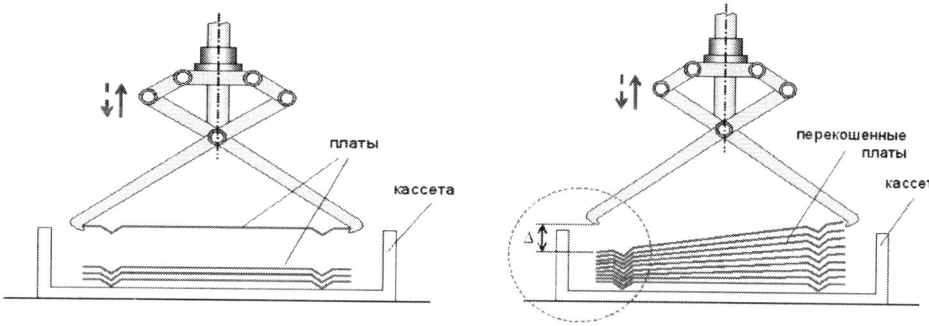

<그림 1.10> 금속 플레이트 기계식 이동장비(L) & 장비의 문제점(R)

<그림 1.10>과 같은 금속 플레이트를 움직이는 기계식 이동장비를 생각해 보자. 가장 밑 부분에 그려진 용기에 일부 가공된 금속 플레이트가 공장으로 들어오면 기계식 장비가 플레이트의 양끝을 잡아 다른 공정장치로 이동시킨다. 그런데 금속 합판을 가공해서 들어오는 플레이트가 때로는 양쪽 높이가 일정하게 정돈되지 않고 들어올 때가 있는데 그러면 이 기계식 이동장치는 제대로 플레이트를 잡지 못해 이동시키는데 문제가 발생한다.

그런데 같은 기능을 수행하는 진공을 이용한 이동장비도 있다. 이 장비는 아래 부분에 유연한 고무 재질로 만든 흡입판을 플레이트 위에 압착시키고 진공으로 흡착하여 물건을 이동시킨다. 이 장비의 장점은 플레이트가 수평적으로 잘 정돈되어 있지 않아도 진공 흡착으로 잘 들어 올릴 수 있는 것이다. 반면에 긴 거리를 계속해서 진공 흡착을 유지해야 하고 충격이 발생하거나 조그만 틈이 흡착 면에 발생하면 이동 중 플레이트가 떨어지는 문제를 가지고 있다.

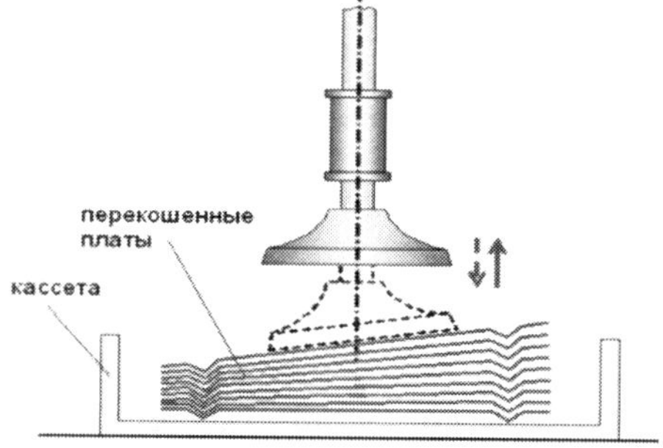

<그림 1.11> 진공방법을 통한 문제해결방법

이러한 이동장치를 개선하는 방법은 두 가지 같은 기능을 가지고 있는 장비의 장점을 살리는 하이브리드 시스템을 만드는 것이다. 처음 플레이트를 잡아들어 올릴 때는 진공 방법을 사용하고 이동 중에는 기계식 방법을 사용하면 완벽한 이동장치가 탄생한다. 진공 흡착기로 처음에 플레이트를 들어 올리면 어떻게 플레이트가 정리되어 있던지 쉽게 들어 올릴 수 있고 기계적 방법으로 양쪽을 집어 안전하게 이동시킬 수 있게 된다. 요즘 연비와 소음 등 사람들의 요구가 커지고 있는 상황에서 하이브리드 자동차가 탄생한 것도 좋은 사례이다.

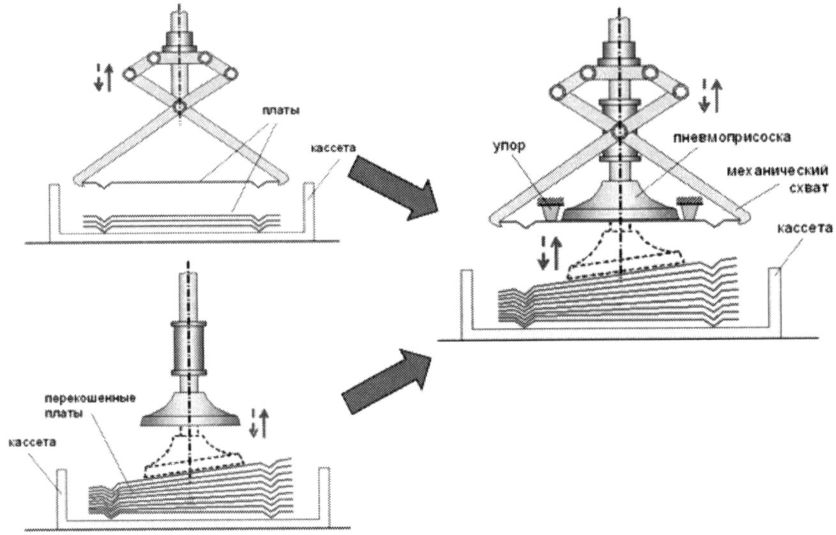

<그림 1.12> 문제를 해결한 새로운 장비의 탄생

기능의 시각으로 분석하여 유사하거나 같은 기능을 수행하는 시스템을 접목해 하이브리드 시스템을 만드는 것은 시스템을 발전시켜 나가는 좋은 전략이다. 하이브리드 시스템을 만드는 또 하나의 전략은 같은 시간에 활용되는 시스템들을 모두 모으는 것이다. 여행을 할 때 필요한 것들을 모아서 만든 다기능 맥가이버 칼은 다중 하이브리드 시스템의 대표적인 사례이다.

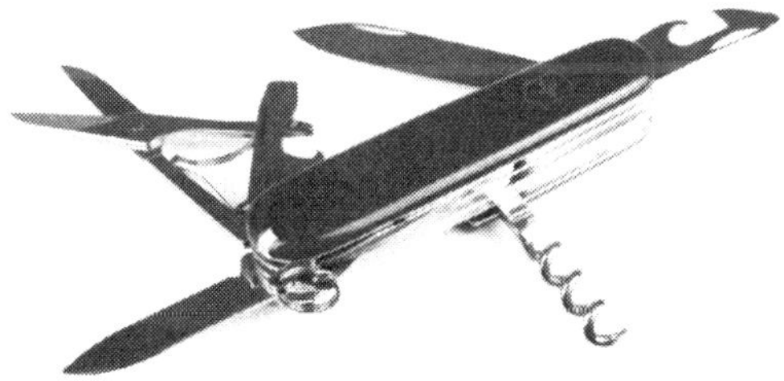

<그림 1.13> 맥가이버 칼(Swiss army knife)

1.2 기능도 분석

기능이란 어떤 요소(subject or function carrier)가 대상(object)에 가하는 구체적 행위(action)로 정의한다. 기능도(Function Diagram)란 시스템 안에 있는 많은 요소(부품)들이 서로 어떻게 기능적으로 연결되어 있는지 그림으로 표현하는 것이다. 기능도를 그리기 위해서는 다음의 과정을 수행한다.

① 시스템을 구성하고 있는 요소를 분석한다. 또한 시스템과 상호 작용을 하고 있는 상위시스템 요소를 파악한다.
② 각각의 구성 요소들의 연관관계(interaction)를 파악한다.
③ 연관관계를 가지고 있는 구성요소들을 "주체(도구)-동사-대상"이란 그림(diagram)으로 표현한다.

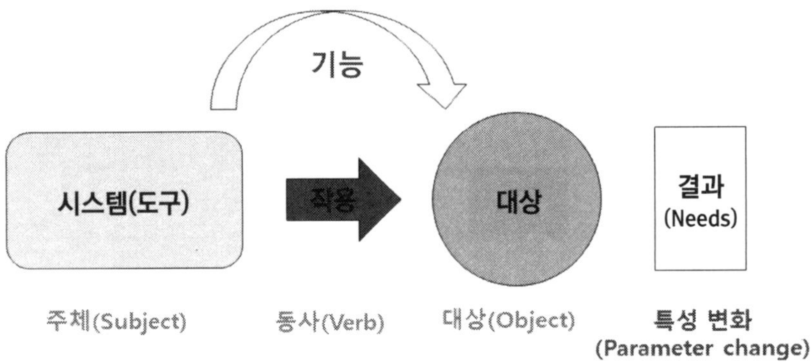

<그림 1.14> 기능의 도식화

기능도를 그리는 방법은 "보드마카(Board Marker)" 를 가지고 시스템을 간단히 설명해 보자.

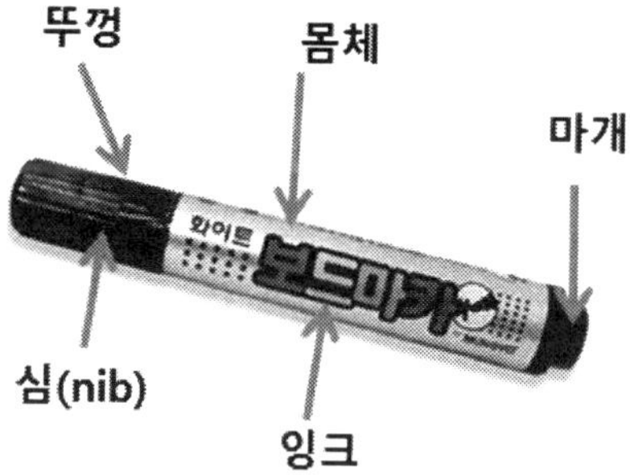

<그림 1.15> 보드마카의 요소

먼저 보드마카의 기능은 우리가 앞에서 공부한 기능정의에 따르면 작동대상인 "화이트보드에 흔적을 남기는 것"이다. 이제 보드마카의 기능도를 앞에 설명한 순서에 따라 그리면 된다.

(1) 시스템을 구성하는 요소

시스템의 구성요소를 분석하기 위해서는 실제로 도면을 보거나 시스템을 분해해서 정확한 정보를 파악해야 한다. 하지만 여기서는 우리가 기능도를 그리는 방법을 설명하기 위해 실제적 구성요소 분석을 하지 않고 설명하기 쉽게 시스템을 몇 개의 개념적 부품으로 간단히 나누어 살펴보고자 한다.

- 보드마카 구성요소 : 뚜껑, 심(nib), 몸체(body), 잉크, 마개
- 상위 시스템 구성요소 : 화이트보드(white board), 외부 물질

(2) 부품들 상호 연관관계 분석

연관관계를 분석할 때는 각 요소(부품)들이 어떤 구체적 작용(action)를 수행하고 있는지 연관관계(Interaction)을 체계적으로 파악해야 한다. 이를 위해 보통 1단계에서 파악한 요소(부품)들을 가로 세로로 열거하고 연관관계가 있는 곳에 표시(+)를 하는 매트릭스를 사용한다.

연관관계를 파악할 때 주의할 점은 결과적 기능 시각이 아니라 작용적 기능의 연관관계를 말한다는 것이다. 예를 들면 보드마커의 구성요소인 '뚜껑'과 '심'의 관계에서 결과적 기능으로 보면 뚜껑이 심을 보호해 주는 것으로 연관관계가 있어 보인다. 하지만 이것은 실제적인 물리적 연관관계 측면에서 보면 직접적인 관계가 없다. 뚜껑과 심이 상호작용을 하고 있지 않는다. 뚜껑이 하는 작용적 기능은 외부물질이나 공기를 차단하는 것이다. 그 결과 심이 보호되는 결과를 만들어 낸다.

따라서 작용적 기능을 분석하는 기능도 그리는 과정에서 뚜껑과 심은 연관관계가 없는 것으로 분석해야 한다.

	뚜껑	심	몸체	잉크	마개	화이트 보드	외부물질
뚜껑	-	-	+	-	-	-	+
심	-	-	+	+	-	+	-
몸체	+	+	-	+	+	-	-
잉크	-	+	+	-	+	+	-
마개	-	-	+	+	-	-	-
화이트 보드	-	+	-	+	-	-	-
외부물질	+	-	-	-	-	-	-

<그림 1.16> 보드마카의 연관관계 분석

위에 매트릭스를 통해 각 요소들 중 직접적으로 기능적 연관관계를 가지고 있는 요소를 파악할 수 있고 이를 바탕으로 다음 단계인 기능도를 그릴 수 있다.

(3) 기능도 그리기

기능도의 기본 골격은 연관관계를 가지고 있는 요소들을 "주체-동사-대상" 으로 다음과 같은 형태로 그림을 그리는 것이다.

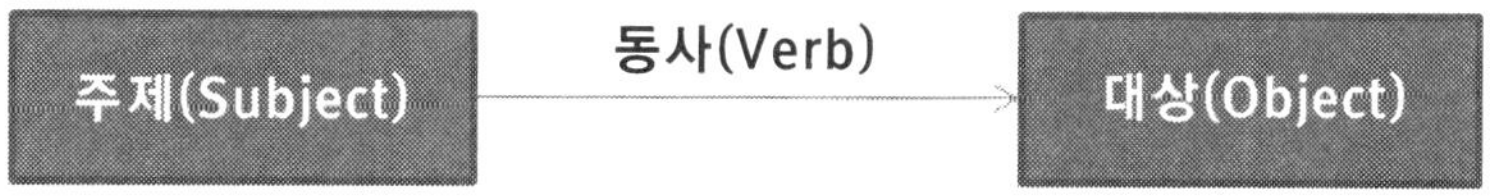

<그림 1.17> 주체, 동사, 대상의 도식화

위의 2단계에서 파악한 각각의 요소(부품)들이 서로 연관관계를 위의 기본 형태를 이용하여 전체를 연결하는 도면(Diagram)을 그리는 것이다. 보드마카의 기능도를 그리면 다음과 같다.

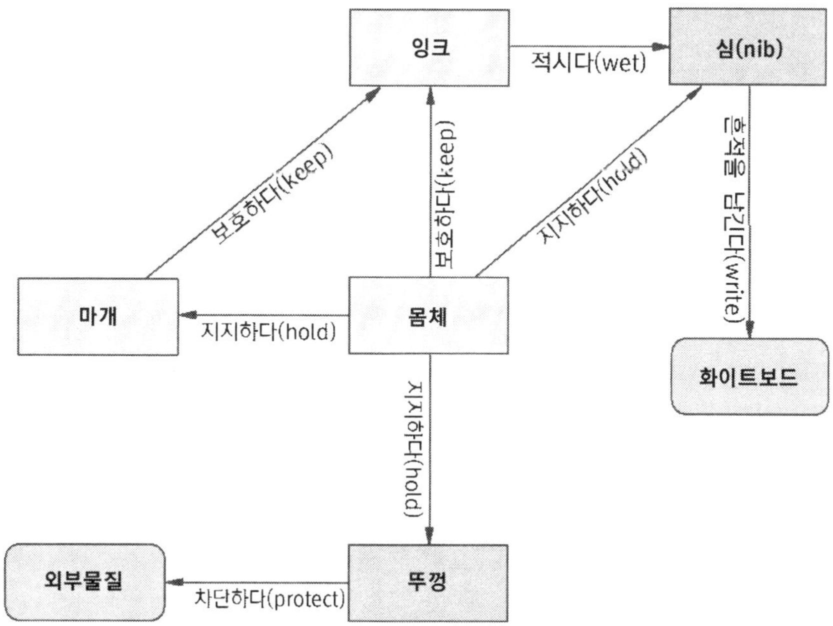

<그림 1.18> 보드마카의 기능도

위 기능도에서 '외부물질'과 '화이트보드'로 표현된 것들이 상위 시스템 요소들이다. 또 다른 예로 일본에서 한동안 유행했던 이온 칫솔의 기능도를 생각해 보자.

<그림 1.19> 이온칫솔

이온 칫솔은 손잡이(handle), 머리(head), 칫솔모(bristles), 전극(electrode), 건전지(battery)로 구성되어 있다. 칫솔과 밀접한 관계를 가지고 있는 상위시스템 요소들은 치약(toothpaste), 물(water), 플라그(plaque)로 구성되어 있다. 이러한 구성요소를 가지고 있는 이온칫솔의 기능도는 다음과 같이 그릴 수 있다.

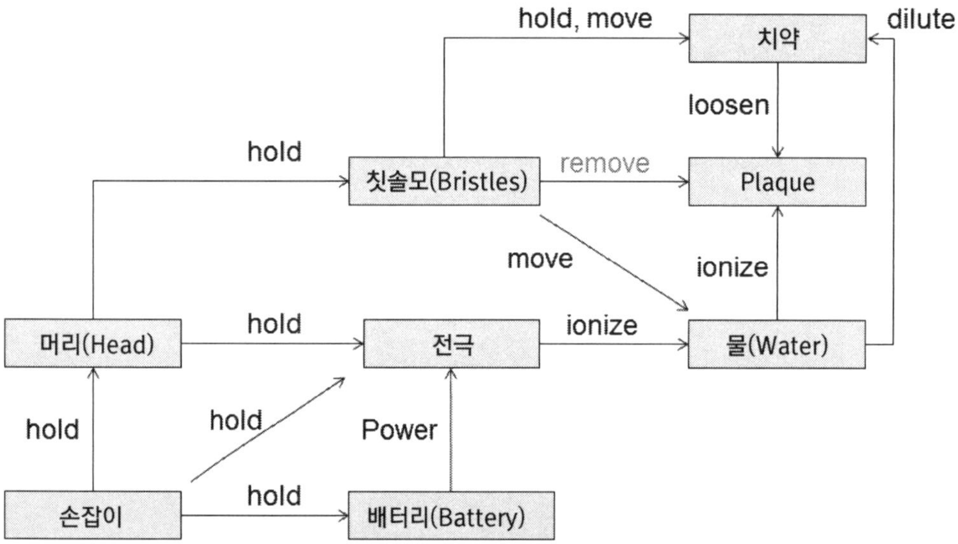

<그림 1.20> 이온칫솔의 기능도

기능도를 그리는 것은 시스템을 이해할 때 매우 중요하며 이를 기반으로 트리밍을 통해 문제해결 및 원가절감 프로세스를 진행할 수 있다.

1.3 트리밍

1.3.1 트리밍(Trimming) 개념

트리밍의 사전적 의미는 불필요한 것을 잘라 낸다는 뜻이다.

시스템에서 기능적으로 중요성이 떨어지는 요소(부품)를 제거하여 제품의 원가를 줄일 수 있다. 칫솔의 예를 들어 설명하면 다음과 같다. 한 회사에서 칫솔을 만들어 플라스틱 케이스에 넣어 판매를 하고 있다고 가정해 보자. 칫솔 케이스 넣어 있는 칫솔 시스템의 구성요소를 계층별(hierarchy)로 나누어 기능을 분석해 보면 다음과 같다.

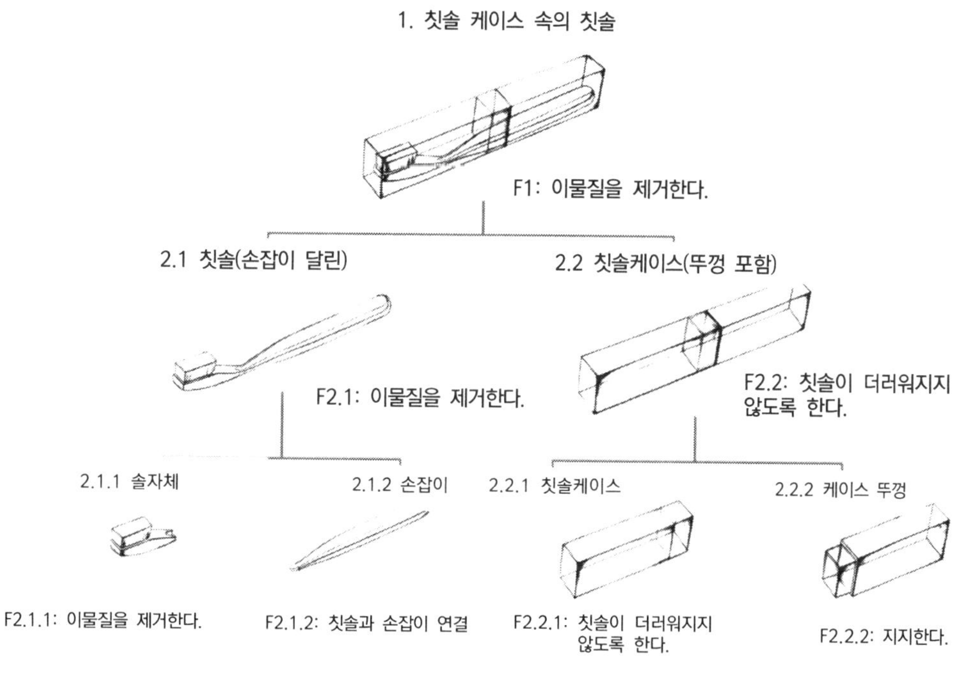

<그림 1.21> 칫솔의 계층별 시스템 구성요소

시스템을 구성하고 있는 요소 중에서 가장 기능이 떨어지는 부품은 케이스 뚜껑이라 할 수 있다. 뚜껑은 칫솔 케이스를 지지하기 위해 존재한다. 트리밍이란 가장 중요성이 낮은 기능을 수행하고 있는 요소를 제거하는 것이다. 하지만 아무리 중요성이 적은 요소라도 그 요소가 가지고 있는 기능을 고려해야 한다.

따라서 중요하지 않은 요소를 제거하되 그 요소가 가지고 있는 기능을 주위에 있는 다른 요소에게 전가해서 기능이 수행되도록 해야 한다. 케이스 뚜껑의 기능은 칫솔 케이스를 지지해 주는 것이다. 이 기능이 다른 요소들에게 전가 될 수 있도록 아이디어를 내어 트리밍을 한다. 예를 들면 뚜껑의 기능을 칫솔 머리(head)에 전가시켜 머리가 칫솔 케이스를 고정 시키면 된다.

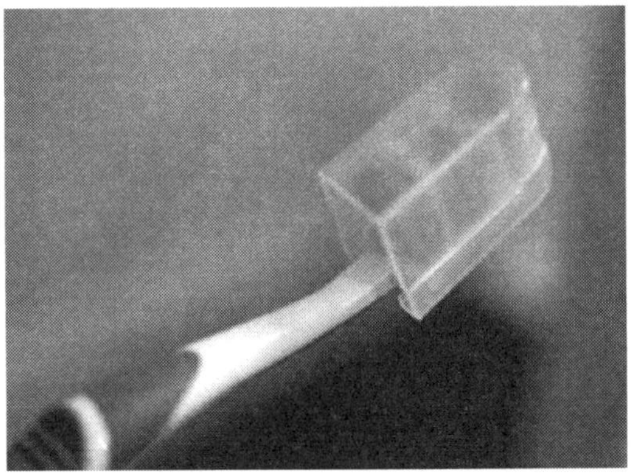

<그림 1.22> 칫솔의 헤드(head)케이스

다음으로 기능의 중요성이 떨어지는 요소는 당연히 칫솔 케이스가 될 것이다. 칫솔 케이스의 기능은 칫솔모를 보호하기 위해 외부 물질을 막는(protect) 것이다. 이 기능을 남아있는 요소에 전가시킬 수 있으면 칫솔 케이스를 제거 즉 트리밍(trimming) 할 수 있다.

다음은 칫솔 케이스를 트리밍 한 사례이다. 칫솔 케이스는 사라졌지만 그 기능은 남아있는 요소에 의해 수행되고 있다.

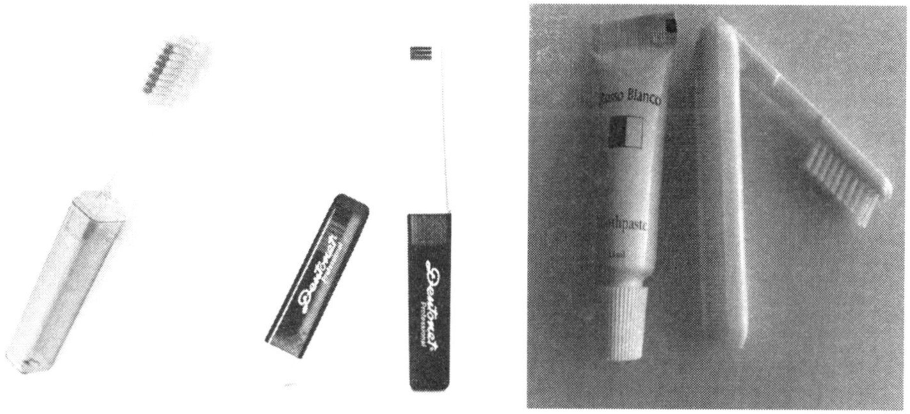

<그림 1.23> 칫솔케이스의 여러 가지 트리밍 기법

1.3.2 트리밍의 세 가지 법칙

(1) 트리밍 1법칙

기능의 대상 요소가 사라지거나 없앨 수 있으면 기능 수행 요소(function carrier)를 제거할 수 있다.

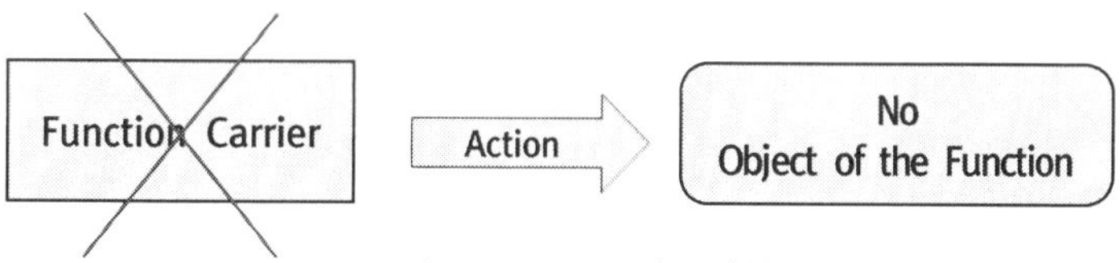

<그림 1.24> 트리밍 1법칙

우주개발 시대 초기에 있었던 재미있는 사례를 가지고 트리밍의 첫 번째 법칙에 대하여 설명해 보자. 구 소련(러시아)의 달나라 우주선 개발을 위한 "루나 프로젝트"가 수행되던 1960년대 전구개발에 관한 일화다. 1961년대 러시아 유리 가가린(Yuri Gagarin)이 최초로 우주를 다녀오자 미국과 러시아 사이에 우주 개발 전쟁이 벌어졌다. 양국에서는 사람을 달로 보내기 전에 무인 우주선을 보내어 정보를 얻어야만 했다. 그래서 각종 분석 장비를 장착한 러시아 우주선 "루나"가 제작

되어 출발을 앞두고 최종 시뮬레이션을 하는 도중 한 가지 문제를 발견했다. 그것은 우주선에 장착된 전구가 충격으로 깨진다는 사실이었다. 급히 최고의 전문가들을 소집하여 충격에 깨지지 않는 전구를 개발하도록 요청했다. 현재는 강화 유리를 만드는 것이 어렵지 않지만 당시는 쉽지 않은 과제였고 많은 시간과 돈을 낭비했다.

이 문제를 기능적 사고 및 트리밍 법칙을 적용시켜 보자. 문제가 되고 있는 전구 유리의 기능은 필라멘트에 산소가 접촉되어 산화되어 끊어지는 것을 막기 위해 산소를 차단하는 것이다.

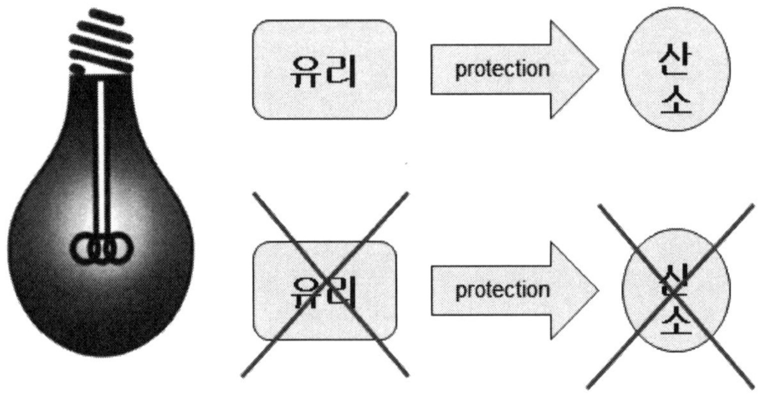

<그림 1.25> 트리밍 1법칙을 활용한 전구의 시스템 개선

그런데 달에는 기능의 대상인 산소가 없다. 따라서 유리의 기능이 필요 없어져서 유리를 제거할 수 있다. 문제를 해결하고자 할 때 기능을 분석해 보고 기능의 대상이 사라지거나, 사라지게 할 수 있으면 기능 수행 요소를 트리밍하여 쉽게 문제를 해결할 수 있다. 또한 시스템의 한 요소가 사라지게 되어 훨씬 경제적인 시스템으로 개선된다.

(2) 트리밍 2법칙

작동 대상이 스스로 필요한 기능을 수행할 수 있으면 기능 수행 요소를 제거할 수 있다.

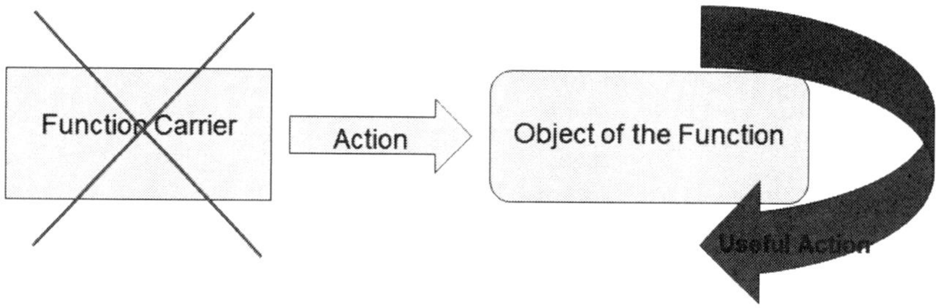

<그림 1.26> 트리밍 2법칙

두 번째 트리밍 법칙은 냉장고 홈 바의 도어를 지지해 주는 L자로 접히는 링크를 개선할 때 있었던 사례를 가지고 설명해 보자.

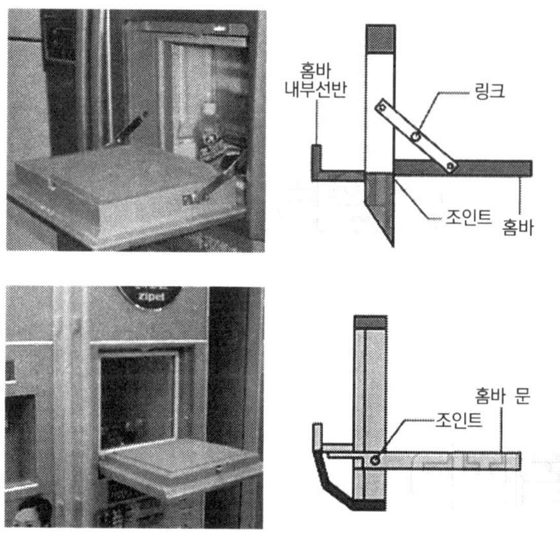

<그림 1.27> 트리밍 2법칙을 활용한 냉장고
홈바의 L자형 링크 개선

개선하고자 하는 L자형 링크의 기능은 작동 대상인 홈 바의 문을 지지하는 것이다. 두 번째 트리밍 법칙을 활용해 보면 작동 대상인 홈 바의 문이 스스로 지지할 수 있는 방법을 강구해서 L자형 링크를 제거하는 것이다. 이 사례는 실제로 트리즈 전문가에 의해서 아이디어가 제안 되었고 회사에 수백억 원의 수입을 가져다 준 좋은 사례다.

(3) 트리밍 3법칙

기능 수행 요소가 수행하는 기능을 주위에 있는 다른 요소에게 전가할 수 있으면 기능 수행 요소를 제거할 수 있다.

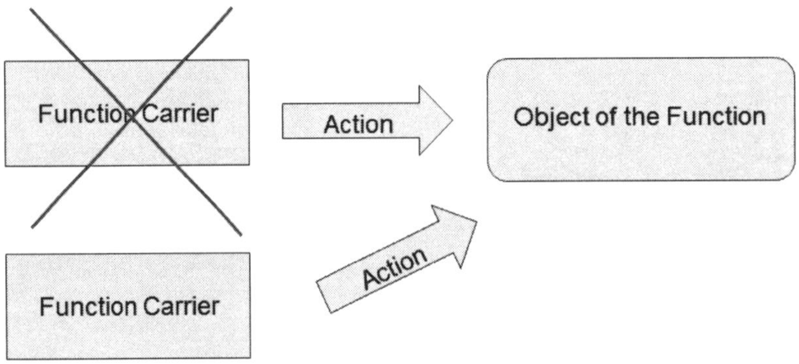

<그림 1.28> 트리밍 3법칙

세 번째 트리밍 법칙은 가장 일반적인 트리밍 법칙으로 전봇대 어스(earth) 선에 관한 예를 들어 설명해 보자.

높은 전압 및 전류를 보내는 송전선에서 비가 오는 날이나 특별한 상황에서 누전이 되는 경우가 있다. 이는 매우 위험함으로 이를 대비해 전봇대 외부에 전기가 잘 통하는 전선을 설치해 어스를 시킨다. 그런데 전선이 외부에 노출되어 자주 손상이 되기도 하고 설치하기에도 어려움이 있다. 전선의 문제를 세 번째 트리밍 법칙을 적용해 보자. 주위에 전선을 대치할 전도체 물질을 찾아 그것에 기능을 전가해 주고 기능 수행 요소를 제거하면 된다. 전봇대 안에 들어 있는 철골에 기능을 전가 시키면 된다.

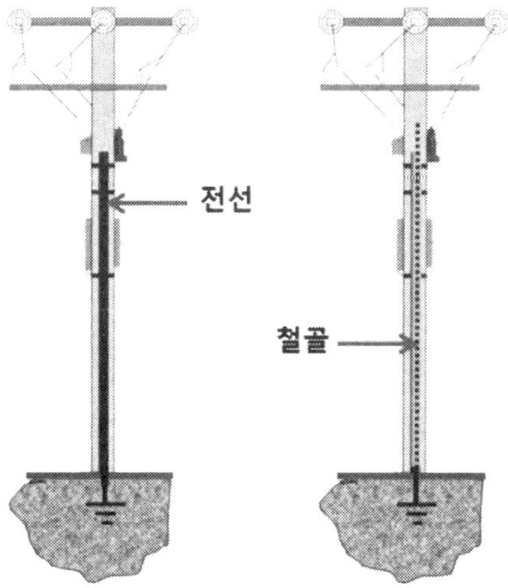

<그림 1.29> 트리밍 3법칙으로 개선한 전봇대 어스(earth) 선

트리밍은 매우 뛰어난 문제해결 도구이다.

이 도구를 잘 활용하면 산업 현장에서 혁신적 아이디어를 만들어 낼 수 있다. 기능을 분석하고 트리밍 방법을 이용하여 문제를 발생시킨 요소를 제거하는 창의적인 방법을 사용할 수 있다.

Chapter 2

원인 분석

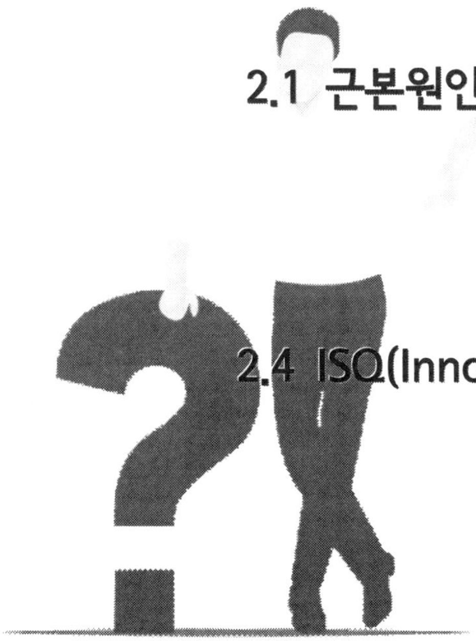

2.1 근본원인분석(RCA; Root Cause Analysis)

2.2 인과관계분석

2.3 Smart Little People(SLP)

2.4 ISQ(Innovation Situation Questionnaire)

2.1 근본원인분석(RCA; Root Cause Analysis)

근본원인분석(Root Cause Analysis)이란 문제의 '근본원인'을 찾기 위해 접근방식을 체계적으로 처리하는 프로세스를 말한다.

문제해결에서 원인은 매우 중요하다.

아리스토텔레스는 지혜란 '원인을 이해하는 것'이라고 정의했고 고타마 싯타르타는 위대함이란 '인류가 삶에서 고통받는 근본 원인을 진단하고 그 해결책을 제시하였다는 데 있다'고 표현했다.

문제해결에서 원인을 찾는 행위는 인과율(Causality)이 존재한다는 가설 하에 성립한다. 인과율이란 어떤 상태(원인)에서 다른 상태(결과)가 필연적으로 일어나는 법칙성을 말한다. '인과' 또는 '인과성'이라고도 한다.

인과의 개념에서 원인과 결과는 분리될 수 없다.

① **원인은 시간적으로 결과에 선행한다.** 하지만 모든 선행 결과가 후행 결과와 인과적 연관을 맺고 있다는 것은 아니다. 예를 들어 여름은 가을에 선행하지만 가을의 원인은 아니다.

② **조건이 맞으면 이를 발생시킨다.** 어떤 상태(원인)에서 다른 상태(결과)는 필연적으로 발생하지 않고 조건이 맞아야 한다. 예를 들면 파스퇴르에 의해 전염병(결과)은 세균(원인)의 침입으로 근대의학에서 성립되어 있다. 하지만 세균(원인)이 몸에 들어오면 전염병(결과)이 생길거라 생각하겠지만 항상 그렇지는 않다. 이것이 유명한 파스퇴르와 메치니코프의 논쟁이다. 메치니코프는 파스퇴르가 틀렸다는 것을 증명하기 위해 파스퇴르 실험실에서 배양된 살아있는 콜레라 균을 마셨지만 콜레라에 걸리지 않았다.
물이 100℃(1atm일 때 99.97℃)에서 끓는다는 과학적 상식도 마찬가지이다. 가열이 원인이 되어 물이 끓는다는 결과가 생기지만 물이 항상 100℃에서 끓지는 않는다. 기압이 낮아지면 비등점이 낮아져 더 낮은 온도에서 물이 끓는다. 설사 1기압이라고 하더라도 항상 성립하는 것은 아니다. 초순수라서

불순물이 적거나 전자레인지와 같이 대류가 일어나기 어려운 조건 등에서는 100℃ 이상에서도 물은 끓지 않고 액체로 존재한다. 이 현상을 끓음의 지체라고 하며 이와 같은 상태를 과열상태라고 한다. 과열상태의 액체는 돌연 폭발적으로 끓는 경우가 있는데, 이 현상을 돌비(突沸)라고 한다.

원인과 결과라는 개념 자체가 사회적 실천과정과 세계를 인식하는 과정에서 만들어진 것이다. 세계의 모든 현상이 인과적으로 제약당하고 있다는 명제는 인과율을 표현하는 명제 그 자체이다. 이 법칙을 인정하는 사람들을 결정론자, 인정하지 않는 사람들을 비결정론자라고 부른다.

근본원인을 찾는 행위는 원인에도 상위-하위 원인이 존재하기 때문이다. 그 하위 원인을 더 이상 발견할 수 없을 때 이것을 근본 원인이라고 한다. RCA에서는 다음 3가지 조건에 도달했을 때 그것을 근본 원인으로 정의한다.

- 제약 조건에 도달 했을 때
- 제어할 수 없는 원인에 도달 했을 때
- 모순에 도달 했을 때

문제 해결의 기본 4요소인 원인, 수단, 목적, 유형 중 가장 많이 연구된 것이 원인과 수단이다. 아리스토텔레스는 존재와 운동을 4원인설(질료인, 운동인, 형상인, 목적인)을 통해 설명한다. 이렇게 우주와 인생의 원인(aitia)과 원리(arche)를 찾으려는 시도가 고대 서양 철학의 시작이다. 이 때문에 '철학적 지혜(sophia)는 ' 원인을 탐구하는 학문'(aitiologia)라고 불렸다.

현대 물리학도 인과율을 쓴다. 다만 축소된 의미로서의 인과율이다. 이것은 시간을 크로노스로만 보는 가정 하에 성립한다.

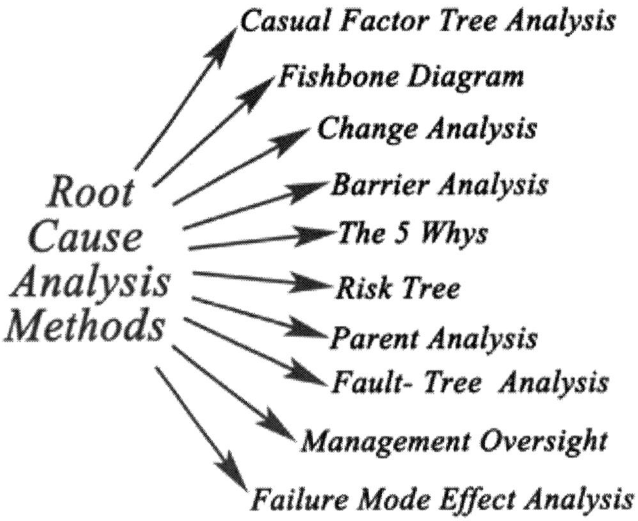

<그림 2.1> RCA기법 종류

RCA는 트리즈 이전에 성립된 기법으로 QC에서 사용하는 피쉬본 다이어그램, 공학에서 사용하는 FMEA(Failure Mode Effect Analysis), 도요타의 5 Why 등 수많은 기법에서 사용되었다.

① 5 Why

1970 년대 Toyota에 의해 대중화되었다. 문제를 보고 "이유"와 "이 문제의 원인"을 묻는 것이 포함된다. 종종 첫 번째 "왜"에 대한 대답은 두 번째 "이유" 등을 유발하여 "5 이유"분석의 기초를 제공한다.

② 인과 관계 트리 분석 (Causal Factor Tree Analysis)

논리적이고 트리 구조화 된 계층 구조로 주어진 결과가 발생하기 위해 필요하고 충분한 모든 조치와 조건을 기록하고 표시하는 데 사용되는 조사 및 분석 기술이다.

③ Fish-Bone Diagram 또는 Ishikawa Diagram

원인 및 결과 다이어그램이라고 할 수 있다. 다이어그램의 디자인은 물고기의 골격과 매우 유사하므로 피쉬본 다이어그램이라고 한다.

원인을 찾는 프레임에 인연이 있다. 인(因)은 결과를 만드는 직접적인 힘이고, 연(緣)은 그를 돕는 외적이고 간접적인 힘이다. 예를 들면 꽃이 핀다는 결과는 씨앗이 땅에 떨어져 싹이 난다는 인에 기인한다. 하지만 물, 바람, 햇빛, 양분 등의 연이 함께 하지 않았다면 꽃이란 결과는 생기지 않는다.

명재계이든 암재계이든 문제를 분석하면 인만 존재하는 경우보다는 연이 함께 하는 경우가 대부분이다. 따라서 문제는 1차원에서 다차원으로 확대해 보는 능력을 키워야 한다. 문제의 원인을 해석할 때 RCA와 CECA는 인을 중심으로, ISQ는 인과 연을 함께 해석한다.

원인을 보는 또 하나의 프레임은 인과관계와 상관관계이다.

인과관계란 특정한 사건이 다른 사건에 직접적으로 영향을 주는 것을 말한다. 상관관계는 두 가지 사건에 연관성이 존재하는 상태임을 의미힌다. 그러나 그 연관성이 직접적인 원인이 존재하고 그에 따른 결과인 것인지는 알 수 없다. 직접적인 원인이 무엇인지 증명되지 않은 상태이기 때문에 제대로 된 논리성이 존재하지 않아 신뢰성이 많이 떨어지는 편이다. 상관관계에 있는 둘은 갑자기 다른 모습을 보이기도 하고 아무런 연관이 없는 상태가 되기도 한다. 이것을 분석하는 기법이 통계이고 최근에는 빅 데이터란 형태로 주목을 받고 있다. 인과관계와 상관관계가 헷갈리는 것은 인과관계 속에 상관관계가 존재하기 때문이다. 둘 모두 A가 이렇게 변하면 B는 이렇게 변한다고 주장한다. 상관관계가 인과관계로 인정받지 못하는 이유는 다음과 같으며 이 두 가지와 상관관계를 합쳐 인과관계 성립의 3가지 조건이라고도 한다.

- 누락 변수에 의한 영향
- 시간우선성 존재

누락 변수란 다른 변수에 의한 영향을 고려하지 않은 것을 의미한다. 즉 결과가 다른 원인에 의해서 발생했을 가능성이 높은데도 불구하고 다른 원인을 무시한 채 자신들이 주장한 원인으로 인한 것이었음을 주장하는 것이다.

시간 우선성의 존재란 원인이 결과보다 앞서야 한다는 것을 의미한다. 즉, '역의 인과관계' 성립하지 않아야 한다. 역의 인과관계란 닭이 먼저냐 달걀이 먼저냐 같이 원인과 결과가 서로 뒤섞여 누가 누구에게 영향을 주는지 알기 힘들게 만드는 것을 의미한다. 원인을 찾는 관점은 문제가 왜(Why) 발생하는가와 어떻게(How) 발생하는가에 있다. 여기에서 필요한 것이 휴리스틱(Trial and Error, 추리, 연역 등)이다.

예를 들면 학교폭력이란 문제의 원인을 생각해 보자. 학교폭력은 강자가 약자를 괴롭히는 형태로 발생한다(How). 예를 들면 약자를 때리거나 돈을 뺏거나 빵 셔틀과 같이 강제로 일을 시키는 형태다. 이 문제를 해결하기 위해서는 강자가 약자를 괴롭히지 못하는 수단을 도입하면 된다. 영화 이퀄리브리엄에서 나오는 프로지움 같은 감정을 억제하는 약을 만들어 모든 청소년에게 복용시키는 것처럼 말이다. 학교폭력은 모순이 없기 때문에 발생한다(Why). 예를 들어 촉법 소년의 범죄는 법을 어기는 재미(+)는 얻지만 처벌(-)을 받지 않는다는 손해 볼 것이 없는 것이 원인이다. 이러한 경우의 해법은 범인에게 모순을 만들면 된다. 일본의 유치원에서 강한 아이가 약한 아이들에게 이지메를 당해 부모가 찾아와 사죄하는 사례가 해결책이 될 수 있다.

트리즈의 RCA는 다음의 프로세스를 따른다.

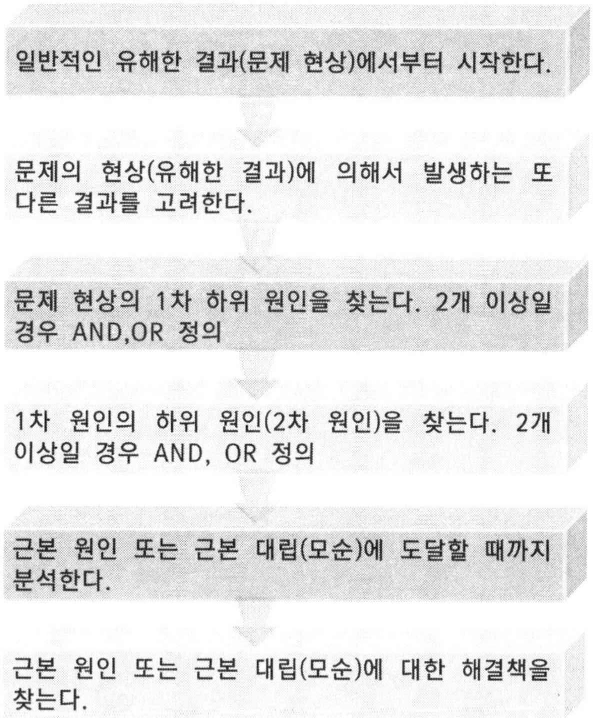

<그림 2.2> TRIZ RCA 사용 절차

① 문제의 현상을 기술한다.

예) 강의 시간에 졸리다.

② 문제의 현상의 1차 하위 원인을 찾는다. 2개 이상일 경우 AND, OR을 정의한다.

문제의 현상에서 역으로 하나씩 찾아가는 방법으로 개별 탐색 시 많이 사용한다. 발생된 현상에 대한 논리적인 근거를 통해 원인들 꼼꼼히 체크하는 방법이다. 팀으로 할 때는 메모지에 팀원들이 상정하는 모든 원인들을 작성한 후에 공개하고 정리하는 방법이 있다. 이 방법은 팀의 아이디어 회의를 통해서 모델링을 할 때 추천한다. 시간을 줄일 수 있고 회의를 통해서 원인들을 동일화시키고 압축하는데 효과적이다.

예) 강의 시간에 졸리다(현상) → 강의가 지루하다(원인) → 점심을 먹은 지 얼마 되지 않았다(원인) → 봄이 되어 기온이 올라갔다(원인)

③ 1차 원인의 하위 원인(2차)을 찾는다. 2개 이상일 경우 AND, OR을 정의한다.

예) 강의 시간에 졸린다(현상) → 강의가 지루하다(원인) → 듣고 싶은 강의가 아니다(원인)

④ 근본원인 또는 모순에 도달할 때까지 원인을 전개한다. 이런 절차로 작성하면 [그림 2-3]과 같이 RCA도가 만들어진다.

- 제약 조건에 도달 했을 때 하위 전개를 멈춘다. 예를 들면 정책적 요구사항, 가용 예산 등이 있다.
- 제어할 수 없는 원인에 도달 했을 때 하위 전개를 멈춘다. 예를 들면 과학적 사실이나 환경 요인, 인간의 습성(비즈니스 문제 정의에 활용 가능) 등이 있다.
- 모순에 도달 했을 때 하위 전개를 멈춘다. 예를 들면 연비가 낮다 ← 차가 무겁기 때문 ← 엔진 용량이 크기 때문 → 출력을 높이기 위해 가 해당된다.

⑤ 근본원인 또는 모순에 대한 해결책을 찾는다.

근본원인은 <그림 2.3>처럼 시간의 흐름에 따르거나 구조적으로 기술할 수 있다.

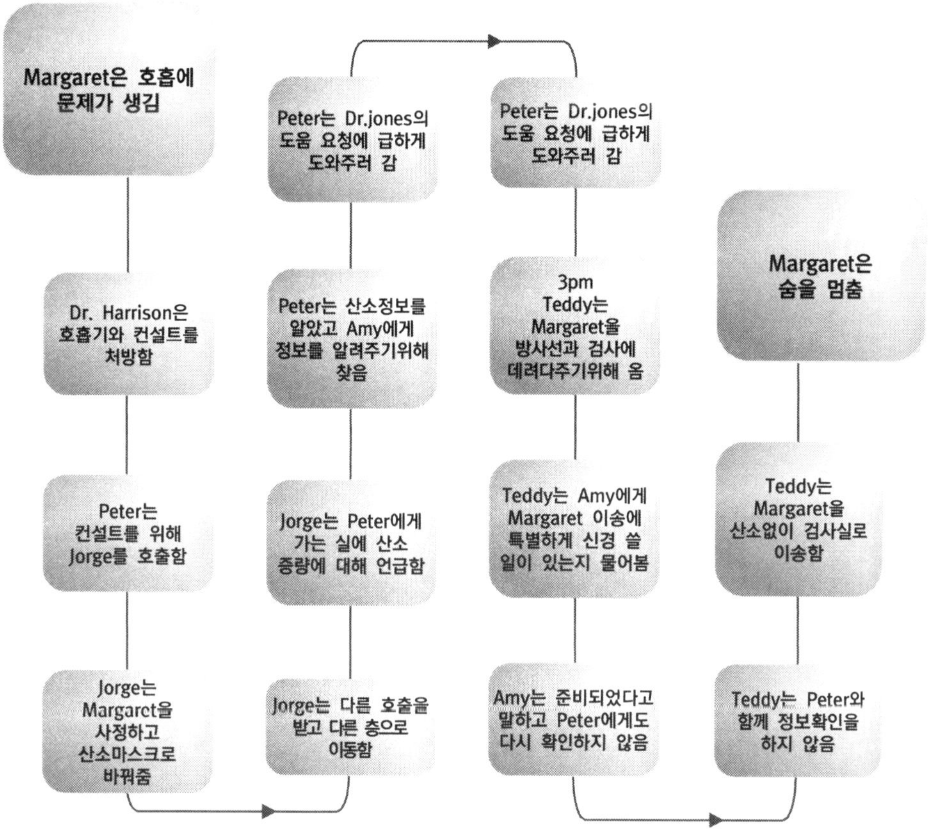

<Margaret케이스의 사건 발생 flow chart>

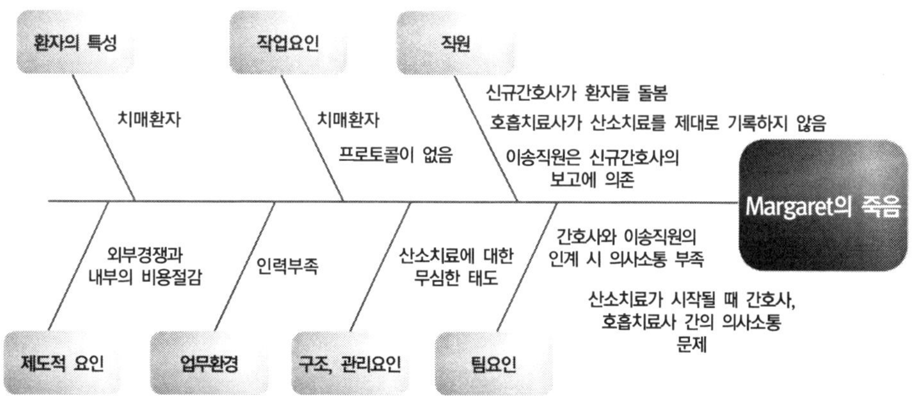

<그림 2.3> RCA 작성 예

문제의 근본원인은 세상이 무엇으로 만들어져 있냐에 기인한다.

세상은 <그림 2.4>와 같이 명재계(객관)와 암재계(주관)로 구성되며 각각 시간, 공간, 물질, 에너지, 정보의 기본 5요소로 구성된다. 이것이 세상에 존재하는 모든 문제의 근본원인이 된다.

예를 들어 우리는 삶에서 선택이란 어려운 문제에 직면한다. 잘한 선택은 행복과 성공을 가져오지만 잘못한 선택은 불행과 실패를 가져온다. 선택이 어려운 것은 명재계의 시간이 크로노스 선형이라서 되돌릴 수 없기 때문이다. 즉 엎지른 물은 주워담을 수 없으니 선택에 신중해 질 수 밖에 없다. 그런데 만약 시간을 되돌릴 수 있다면 선택이 신중하거나 어려운 문제가 될까? 삼국유사 제3권 탑상편에 실린 조신몽에서 시간은 카이로스로 작용해 되돌릴 수 있었다. 그래서 조신은 선택하지 않고 좋아하는 여자와의 삶, 스님으로서의 삶, 두 삶을 다 살아봤다. 문제가 생기는 근본원인은 '시간' 요인이 조건에 맞지 않기 때문이다.

PC의 경우 CPU 냉각을 위해 히트싱크(heat sink)와 팬을 사용한다. 히트싱크만으로는 냉 각 성능이 떨어지기 때문에 팬을 이용해 공기를 강제 순환하여 냉각 성능을 높인다. 이 팬은 소음을 만들어내고, 정전기에 의해 먼지를 축적해 고장을 야기한다. 팬을 사용하는 원인은 무은 히트싱크의 크기라는 공간 요인에 의한다. 방열면적이 작아 충분히 열을 발산하지 못하기에 공기를 강제적으로 이동시켜 방열량을 늘리는 것이다. 노팬 쿨러의 경우 공간을 기존보다 3배 이상 키워 방열면적을 늘렸다. 팬을 사용하지 않아 소음과 먼지 문제가 해결된다.

한국에서 제일 먼저 전자현미경을 도입한 곳은 세브란스 병원이다. 지금 사회적 이슈가 되고 있는 바이러스 연구를 하기 위해서는 필수 장비이기 때문이다. 그런데 1969년에 도입된 이 장비는 도입 후 수년간 새벽 시간 이외에는 안정되게 사용할 수 없었다. 전자현미경을 사용할 수 없었던 문제의 원인은 진동 때문이었다. 병원에서 200m 밖에 경의선 열차가 지나가고 근처에 도로가 있는데 전자현미경은 수십만에서 백만배 이상 영상을 확대하기 때문에 아주 작은 진동도 증폭되어 전자현미경 사용에 영향을 주기 때문이었다. 그래서 방진 장비를 함께 구입해야 했지만 몰랐기에 경비 절감이라는 명분으로 전자현미경만 구입했기에 사용이 어려웠던 것이다.

이렇게 명재계와 암재계에 존재하는 모든 문제의 근본 원인은 시간, 공간, 물질, 에너지, 정보 이다.

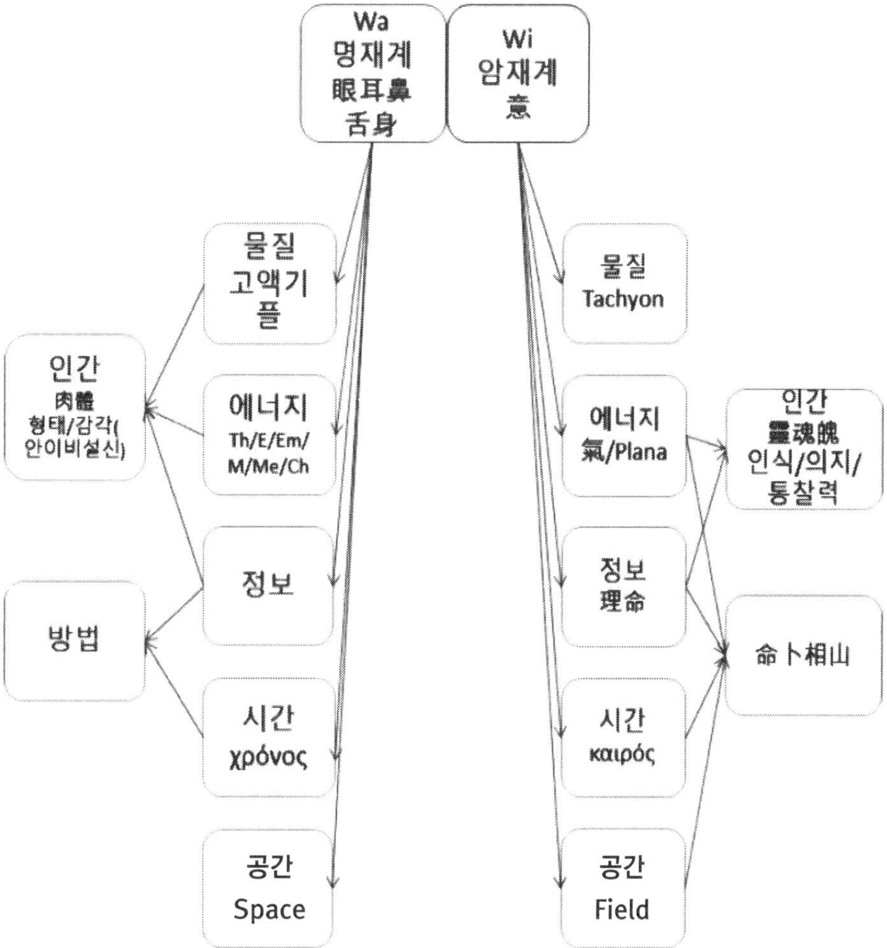
Wa
명재계
眼耳鼻
舌身
Wi
암재계
意
물질
고액기
플
인간
肉體
형태/감각(
안이비설신)
에너지
Th/E/Em/
M/Me/Ch
정보
방법
시간
χρόνος
공간
Space
물질
Tachyon
에너지
氣/Plana
인간
靈魂魄
인식/의지/
통찰력
정보
理命
命卜相山
시간
καιρός
공간
Field

<그림 2.4 > 문제 근본 원인

<그림 2.5> CPU 쿨러 - 팬 쿨러(상)와 노팬 쿨러(하)

근본원인을 찾을 때 발생할 수 있는 오류는 다음 5가지가 있다.

① 현상과 문제의 오인

태풍이 와서 가옥이 무너진다면 이것은 문제일까 현상일까? 전염병 방지를 위해 노래방에 가지 말아야 하는데 노래방에 가는 것은 문제일까 현상일까?

문제와 현상의 차이를 이해하려면 카우프만의 정의를 다시 보아야 한다. 그는 문제를 '바라는 것과 현실과의 차이'라고 정의했다.

이것을 이용하면 앞의 것은 현상이고 뒤의 것은 문제라는 것을 알 수 있다. 왜냐하면 앞은 자신이 원하는 것(가옥이 무너지기를 바란다)이 아니었지만 뒤의 것은 바라는 것(노래방에 가지 말아야)과 현상(노래방에 가는 것)의 차이가 발생하기 때문이다.

② 인과관계와 상관관계의 오인

③ 수단과 목적의 오인

돈은 목적일까 수단일까? 삶의 필수 요소인 돈을 벌기 위해 우리는 일을 하고 삶을 희생하고 부자가 되기를 희망한다. 예를 들어 강남 사채업자 중 1,000억원대 자산가 최사장은 충분히 돈을 번 부자로 보인다. 그런데 그가 유명한 이유는 재산이 많아서가 아니라 인색해서이다. 남에게 만이 아니라 자신에게도 인색하다고 한다.

직장 시절에 상관 한 분이 경비를 줄인다는 명목으로 복사 이면지 사용을 강요했다. 이면지에 작성한 서류가 아니면 결재해 주지 않기에 할 수 없이 이면지를 사용해야 했다. 그런데 이면지를 사용하자 복사기 고장 증가해 수리비가 증가했다. 그리고 이면지 생산을 위해 필요 없는 서류를 복사했다.

미국의 한 기업에서는 경비를 줄이는 명목으로 형광등 줄이기를 했다. 그러자 어두워져 잘 보이지 않아 사무처리 오류 증가 했다는 사례가 있다. 이것들은 전부 목적과 수단을 혼동한 사례이다.

④ 조건의 누락

앞에서 말한 것처럼 100리터의 물탱크에 물을 채워야 하는데 현재 당신이 가진 모터 펌프는 시간당 1리터의 물을 이송할 수 있다. 탱크에 물을 가득 채우려면 몇 시간이 필요할까? 이 문제는 조건을 특정할 수 없기에 근본원인을 찾을 수 없다.

⑤ 해답의 오류(1종~7종)를 일으킴

ⅰ) 1종 : 맞는 것을 틀린다고 판단하는 것을 말하며 변화에 저항함으로서 발생한다.예를 들면 트랜지스터를 만들었을 때 진공관 기술자들의 격렬한 저항이나 LCD의 보급이 진행되어도 CRT가 10년을 더 간다고 했던 김사장이 있다.

ⅱ) 2종 : 틀린 것을 맞는다고 판단하는 것으로 새로움에 조급히 순응함으로서 발생한다.

예를 들면 화상전화가 개발 된 것은 1964년이지만 보편화가 된 것은 2010년 이후 였고, 입체 TV, 수소자동차, 자가용 비행기 등 이런 오류는 지금도 발생한다.

ⅲ) 3종 : 틀린 문제에 대한 맞는 답 → 문제를 해결해야 할 것으로 인식함으로서 발생한다.

예를 들면 윌리엄 샹크스(William Shanks 1812~1882)는 π의 소수점 이하 자리수를 15 년 동안 손으로 계산하여 707자리까지 구했다. 그런데 이미 이 시점에서 π가 무리수임이 증명되어 있었기에 계산이 의미가 없는 행위였다. 또한 계산에 오류가 있어 소수점 이하 528번째 자리의 값이 틀렸고 그 결과 그 아래 모든 값이 잘못 계산되었던 것이다.

2.2 인과관계분석

세상의 모든 결과는 원인을 가지고 있다. 하나의 결과를 만드는데 때로는 많은 원인이 참여한다. 그러한 원인들이 어떻게 연결되어 결과를 만드는지 체계적으로 관찰하는 것은 문제해결에 있어서 아주 중요한 절차이다. 여러 가지 원인이 섞여 있는 문제를 분석할 때 활용할 수 있는 인과관계분석(Cause-Effect Chain Analysis)에 대하여 살펴보자.

2.2.1 세상은 인과관계의 사슬(원인-결과-원인-결과…)

현장에서 발생하는 문제를 해결하고자 할 때 구체적으로 어디에서 어떤 문제를 풀어야 하는지 난감할 때가 많다. 금속 파이프를 절단하여 내부 또는 외부에 나사선을 깎아 조인트 부품을 만드는 중소기업에서 생긴 문제를 가지고 생각해 보자. 이 회사는 부품의 가공을 마치면 표면에 기름 및 금속 조각들이 묻어있어 납품 전에 클리닝 작업을 한다.

기름은 물에 닦이지 않기 때문에 산성용액에 집어넣어 세척을 하는 산세 공정을 거치는데 산세 공정의 속도를 높이기 위해 산성용액을 가열하고 이 때 산성가스가 대기로 방출되게 된다. 산성 가스는 환경문제를 일으키고 위험하기 때문에 회사는 금속으로 후드를 만들어 가스를 포집하여 중화시켜 대기로 방출하는 시스템을 구축하였다.

<그림 2.6> 금속 부품 산세 과정 - 증발하는 산성가스를 포집해 중화시킨다

그런데 공정 중 산성가스 일부가 금속 후드에 응축되어 후드를 부식시켜 후드에 구멍이 뚫어져서 가스가 새어나가는 문제가 발생하였다. 이런 경우 산세 작업을 중단하고 구멍 난 후드를 교환한 후 공정을 다시 시작한다. 초기 이런 문제를 예측하지 못하고 철판으로 긴 라인을 구축하여 여기저기서 문제가 발생하여 가동률이 떨어지자 이 문제를 해결할 방법을 찾고자 개선 활동 팀이 만들어 졌다.

한 조원이 금속을 산에 부식되지 않는 물질로 대체하자는 의견을 제시하였다. 하지만 기존에 구축한 전체 라인을 바꾸려니 예산이 많이 들고 한동안 작업을 중단해야 해서 회사로서는 받아들이지 어려운 제안이었다. 다른 조원은 각각의 후드를 표준화 시켜 쉽게 바꿀 수 있는 구조로 변경해 가동률을 최대화 시키자는 의견을 제안하였다. 또 다른 조원은 산성용액의 온도를 낮춰 산세공정을 진행시켜 산성가스가 최소한 발생하도록 하여 가동률을 높이자는 의견을 제안했지만 주문이 밀려 프로세스 속도를 늦추지 않는 상태에서 문제를 해결할 방안을 찾아야 했다.

문제를 해결하고자 할 때 무엇보다 중요한 것이 정확한 원인분석을 하는 것이다. 특히 어떤 결과를 만드는 데는 여러 가지 원인들이 서로 결합되어 서로 상호작용을 하고 있어서 인과관계의 연계성을 분석해 보는 것이 필요하다.

즉, 인과관계분석을 해 보는 것이다. 앞의 문제로 되돌아가서 금속 후드에 구멍이 뚫리는 결과를 만든 원인 요소들을 체계적으로 생각해 보자. 먼저 프로세스 가속을 위해 산성용액을 가열한 것이 하나의 원인이 되어 산성가스가 방출하게 된다. 방출된 산성 가스는 후드로 이동하게 되고(또 다른 원인) 후드의 온도가 낮아(또 하나의 원인) 표면에 응결된다. 표면에 응결된 산성용액은 금속 표면에 머물면서(또 하나의 원인) 표면을 부식시켜 구멍을 만든다. 원인은 결과를 낳고 그 결과는 또 원인이 되어 또 다른 결과를 만들어 낸다. 이 관계를 체계적으로 정리해 보면 다음과 같다.

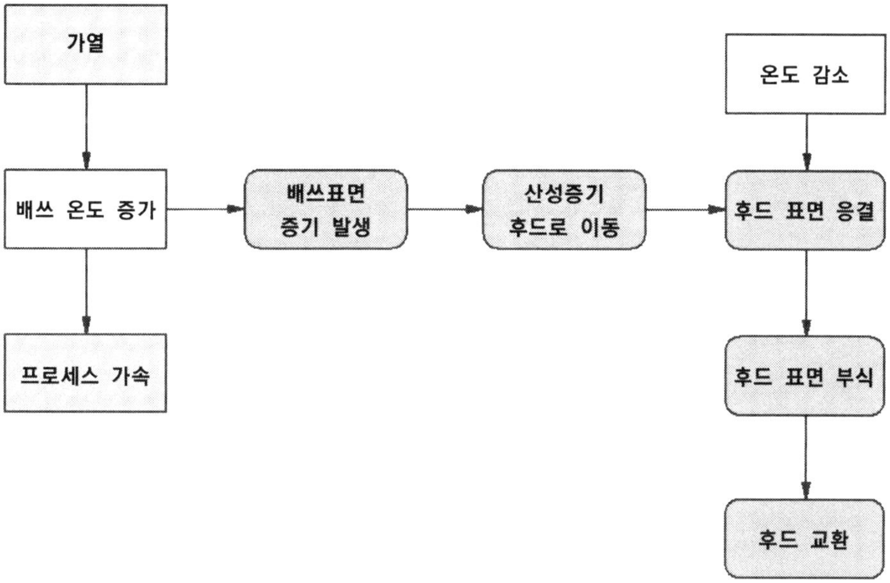

<그림 2.7> 산세과정 인과관계(CECA) 분석도

위의 인과관계분석도에서 보듯이 후드를 교환하게 만든 네는 여러 원인들이 서로 밀접하게 연결되어 있다. 이 그림은 우리에게 체계적인 정보를 설명해 주고 있다. 인과관계분석을 통해 우리가 얻을 수 있는 정보는 다양하다.

① 모순 규명

산성용액을 가열하여 우리가 원하는 산세 공정속도를 높이는 좋은 결과를 얻었지만 후드가 고장 나서 가동률이 낮아지는 좋지 않는 결과를 동시에 얻게 되었다. 앞에서 공부한 트리즈의 중요 개념인 모순이 규명된 것이다.

인과관계분석을 통해 쉽게 모순을 규명할 수 있고 이 모순을 풀면 아주 간단하고 혁신적인 해결안을 도출할 수 있다. 많은 문제들은 이처럼 하나의 특성을 개선하기 위해 어떤 개선활동을 하면 개선되는 긍정적인 효과와 함께 원치 않는 또 다른 결과를 만드는 모순을 낳는다.

모순이 규명되면 발명원리와 분리원리를 이용해 창의적은 방법으로 문제를 해결할 수 있다.

② 다양한 원인의 규명

후드를 교환해야 하는 직접적인 원인은 후드가 부식되어 구멍이 뚫린 것이다. 하지만 구멍이 뚫리게 만든 요인은 후드에 산성용액이 응결된 것이고 응결된 원인은 후드 온도가 낮고 산성가스가 후드로 왔기 때문이다. 산성가스가 후드로 온 이유는 산성용액 표면에서 증발했기 때문이다.

인과관계분석도에 기록된 요소들은 모두 문제를 발생시키는데 참여한 원인들이 된다. 그것들이 사슬처럼 연결되어 있어서 안 좋은 최종 결과를 만들어 냈다. 최종 부정적 결과를 바꾸려면 연속된 원인 중 하나를 택하여 제거하면 된다.

즉 이 문제를 해결하는 데는 다양한 아이디어를 도출할 수 있다는 것이다. 예를 들면 부식이 되는 원인을 제거하기 위해 표면에 코팅을 한다거나 후드의 재질을 바꾸면 되고 후드 표면에 응결되는 원인을 제거하기 위해서는 후드에 열선을 감아 온도를 높여주거나 산성가스를 후드에 도착하기 전에 중화시킬 수 있는 방법을 찾으면 된다. 또는 산성용액 표면에서 가스로 증발되는 원인을 제거하기 위해 산성용액에 강한 폴리에틸렌 구슬을 표면에 띄어 놓으면 가스가 증발하여 나가다 비교적 낮은 온도를 유지하고 있는 폴리에틸렌 구슬에 응결되게 되어 중력에 의해 다시 용액 속으로 내려와 증발가스를 현저히 줄여 문제가 해결될 것이다. 이때 금속 부품은 용액 안으로 넣거나 빼내는데 아무 어려움이 발생하지 않을 것이다.

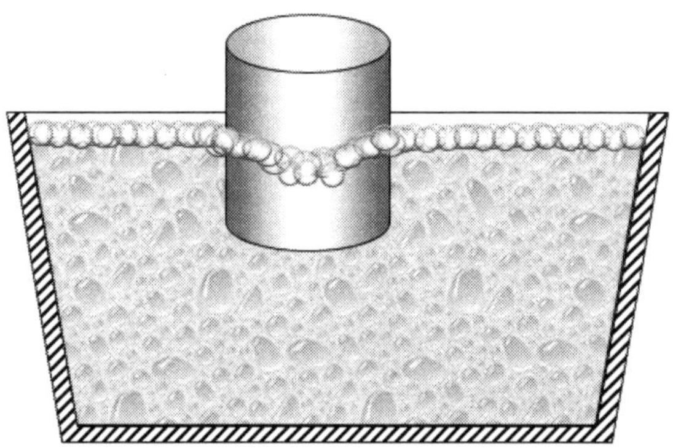

<그림 2.8> 증발하는 산성 가스를 줄이기 위해 표면에 PE 볼을 띄운 모습

2.2.2 인과관계분석도(CECA) 그리는 방법

사건을 인과관계의 사슬로 논리적으로 표현하기 위한 방법 중 트리즈 전문가인 즐로틴(B. Zlotin)과 주스만(A. Zusman)이 고안한 방법을 소개하고자 한다. 분석에 사용되는 도형은 두 가지 종류의 사각형과 두 가지 종류의 화살표다. 사각형 안에 어떤 원인이나 결과를 설명할 수 있는 사건, 조건 또는 기능을 간단히 기록하면 된다. 그런데 그 내용이 분석자가 판단할 때 유익한 것인가 해로운 것인가를 표현하기 위해 두 가지 색상으로 구분하였다. 일반적으로 해로운 것을 빨간 사각형으로 표현한다.

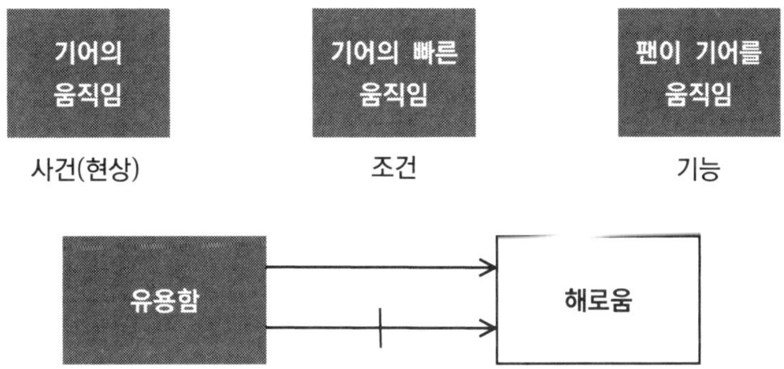

<그림 2.9> 인과관계를 그리는 기본 도형들

두 개의 사각형을 연결하는 화살표도 두 종류가 있는데 일반적인 화살표(→)는 "만든다(produce)"를 의미하고 앞의 사건이나 조건이 뒤의 것을 만들어 낸다. 즉 앞의 것이 원인이 되고 뒤에 것이 결과로 나타낼 때 사용한다. 불이 발생한 예를 생각해 보면 쉽게 이해할 수 있다.

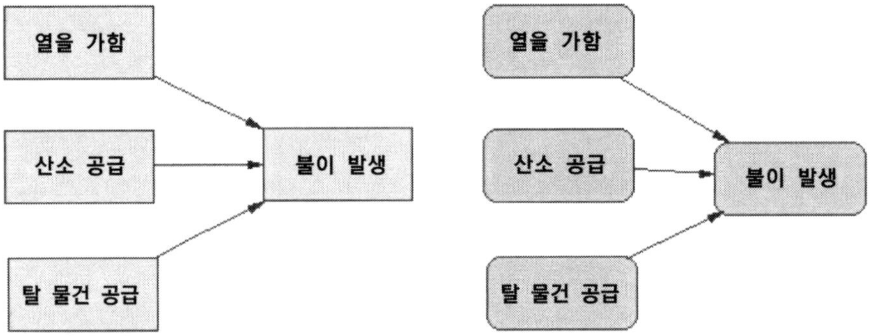

<그림 2.10> 불이 발생한 결과를 설명하는 두 개의 서로 다른 인과관계 도식

불이 발생하기 위해서는 반드시 3가지 원인이 발생해야 한다. 열이 가해지고 산소가 공급되고 탈 물건이 공급될 때 불이 발생하는 결과를 만들어 낸다. 한 가지만 빠져도 불은 발생하지 않는다. 이처럼 원인 결과를 체계적으로 그리면서 상황을 정확히 분석해 나가는 것이 매우 중요하다. 화살표 (→) 앞의 것이 원인이 되어 뒤의 결과를 만들어 낸다.

그런데 위의 그림 중 앞의 것은 녹색 뒤의 것은 빨간색으로 표현되어 있다. 녹색으로 표현된 것은 유익한 현상을 표현한 것이다. 즉 우리가 의도적으로 필요한 불을 만들어 낸 것이다. 그래서 결과도 좋은 것이 되고 참여한 원인들도 모두 관찰자 입장에서 유익한 것이 된다. 반대로 뒤의 것은 의도치 않게 발생한 화재를 분석한 경우이다. 불이 발생한 결과도 불이 나게 한 원인들도 모두 유해한 것을 표현했다.

다른 종류의 화살표(↛)는 "작용을 가하다(counteract)"란 의미로 사용된다. 어떠한 결과를 바꾸기 위해 가해주는 행위를 표현할 때 사용한다. 이때 화살표(↛) 앞의 요소가 원인이 되는 것이 아니라 화살표(↛)로 연결된 뒤의 요소의 상태를 바꾸기 위해 가해준 행위를 논리적으로 표현할 때 사용한다.

다음의 가상의 사례를 가지고 설명하면 쉽게 이해가 간다. 한 화학공장에서 A 물질과 B물질을 섞어 합성물을 생산할 때 다음과 같은 현상이 발생한다고 가정해 보자. 두 물질을 섞었을 때 일부는 활성화(activation)되어 합성물이 생성되는데 일부는 활성화가 되지 않아 남아 있게 된다. 이때 남아있는 물질을 활성화시키기 위해 촉매를 투입하면 남아있던 물질도 활성화 되어 합성물이 생성된다.

그림에서 "촉매투입"에 사용된 화살표(↛)는 활성화가 되지 않는 물질에 변화를 주기위해 "작용을 가하다(counteract)"란 의미가 된다.

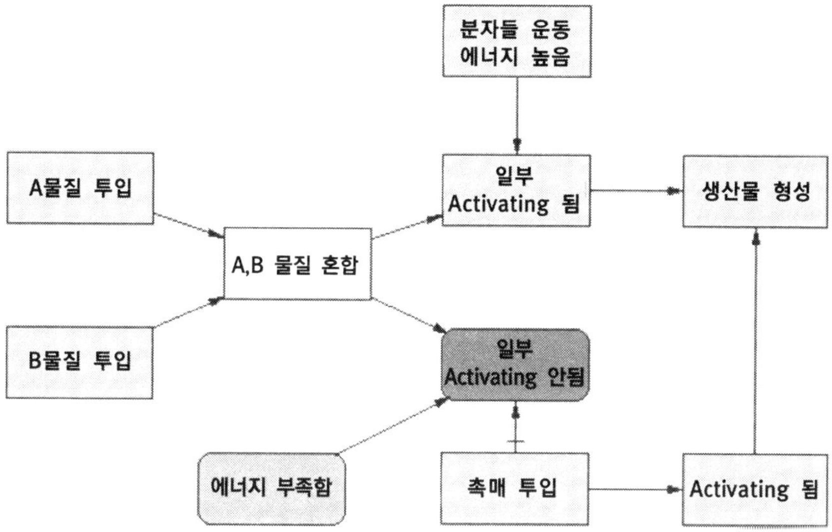

<그림 2.11> A, B 물질을 혼합하여 화합물을 생성하는 과정을 설명하는 인과관계 도식

이제 인과관계분석도를 현장에서 발생한 실제적 사례에 적용해 보자. 모 회사가 90년대 말 러시아에 드럼세탁기를 판매하여 많은 수입을 올렸는데 시간이 지나자 한 가지 문제가 발생하였다. 드럼세탁기 안에 설치된 열선이 자주 고장이 나서 소비자의 불만이 커지고 AS 비용이 많이 발생하게 되었다.

회사는 급하게 열선 전문가 팀을 보내어 원인을 규명하고 대책을 세우도록 조치하였다. 현장에 가서 조사를 하는 과정에서 러시아 지역의 물이 중탄산칼슘을 많이 포함하고 있어서 열을 가하면 탄산칼슘(석회석)이 생성되어 열선 외부에 코팅되고 이로 말미암아 열전달이 잘 안되어 히터에 부하가 크게 걸려 문제가 발생한다는 근본원인을 파악하였다.

이렇게 문제의 원인을 파악했다고 이 문제를 단순히 열선을 개선하는 문제로만 인식하면 아이디어가 매우 제한적이 된다. 해결안 도출에 앞서 근본원인 파악과 함께 이 문제에 참여한 다양한 인과관계를 이해하기 위해 인과관계분석을 해보아야 한다. 히터를 설치하여 물을 가열하는 이유는 세탁력을 높이기 위함이다.

그런데 그런 과정에서 히터에 문제가 발생하게 된다. 여기에는 물에 중탄산칼슘이 많이 들어있는 것도 원인이 된다. 인과관계분석을 통해 문제를 폭넓게 보고 단순히 히터 개선만이 아닌 궁극적으로 원하는 세탁력 증진을 위한 다양한 접근을 생각해 볼 수 있다.

인과관계분석은 어떠한 현상을 체계적으로 파악하는데 매우 중요하게 활용된다. 뿐만 아니라 문제를 해결하기 위해 다양한 접근을 할 수 있도록 만들어 준다.

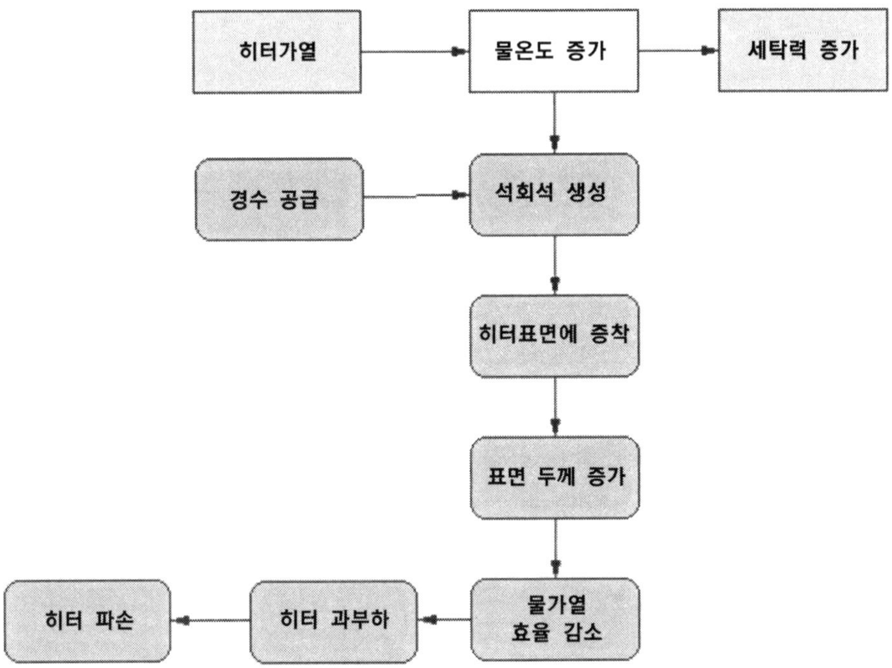

<그림 2.12> 세탁기의 히터가 파손되는 원인을 분석한 인과관계 도식

2.3 Smart Little People(SLP)

SLP는 휴리스틱(heuristic)한 아이디어 생성 방식으로 의인화 기법의 일종이다. 똑똑한 작은 사람(Smart Little People)들의 집합을 스케치하고 그들의 행동 상태나 어떤 행동을 하면 문제가 해결될까를 생각해 문제 해결을 하는 방법론이다.

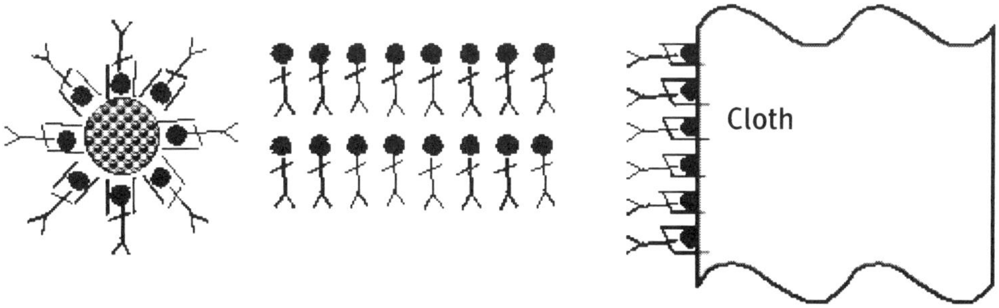

<그림 2.13> SLP 기술 예 1

트리즈의 상시사 알트슐러는 ARIZ 85C의 4.1 단계에서 문제를 정의하는 데 SLP기법을 사용하고 있다. 문제의 상황은 전기(번개형 화살표)가 아래로 내려가려는 데 공기(작은 사람)가 손을 잡고 있어 내려가지 못할 때 어떻게 하면 전기가 공기를 통과할 수 있을까 생각하는 것이다. 해답은 <그림 2.14> 오른쪽에서 2번째처럼 사람이 손을 놓으면 된다.

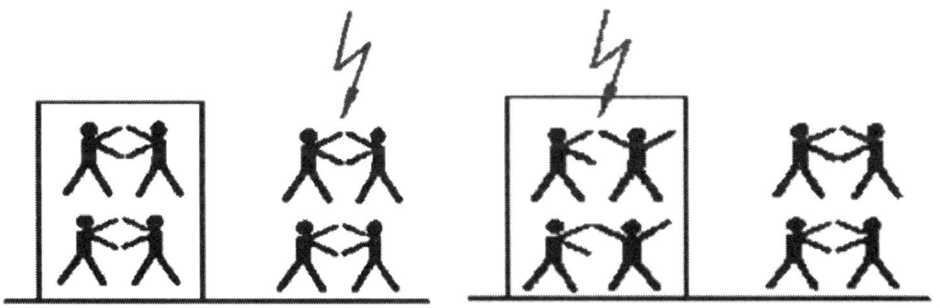

<그림 2.14> SLP 기술 예 2

문제해결방법을 절차적 관점에서 볼 때 알고리즘(algorithm)과 휴리스틱(heuristic)이 있는데 SLP는 휴리스틱이다.

휴리스틱은 발견법이라고 불리며 그 기원은 수학자인 알렉산드리아의 파푸스(Pappus of Alexandria, 290~350AD)로 알려져 있다. 현재는 심리학에서 인간의 추론, 의사결정, 문제해결 등의 특징을 기술하기 위해 많이 사용되는 개념이다. 알고리즘과 대비되며 인간의 '직관 (intuition)'을 반영하는 사고방식으로 시간이나 자료의 부족, 인지적 자원의 제약, 문제 특성 등의 이유로 답을 도출하기 위한 정확한 절차를 사용하지 않고 경험과 직관에 의존해 '대충 맞히는' 방법이다. 예를 들면 마트에서 우유를 살 때 유통기한을 하나씩 확인하고 가장 신선한 것을 찾는 것이 알고리즘이며 "우유는 오래 된 것이 가장 앞에 진열되어 신선한 것은 매대 안쪽에 있더라"라는 경험을 근거로 삼아 매대 안쪽으로 바로 다가가는 것이 휴리스틱이다. 휴리스틱은 시간적, 인지적으로 경제적이어서 빠른 시간 안에 적은 에너지를 들여 꽤 안전하고 근접한 결론을 도출해 낼 수 있는 장점과 휴리스틱으로 얻어진 결론은 정확한 결론과는 다소 거리가 있을 수 있는 단점을 가지고 있다.

SLP는 의인화(擬人化, anthropomorphism) 기법의 일종이다. 의인화란 인간 이외의 무생물, 동식물, 사물 등에 인간적 특성을 부여하는 것을 말한다. 신을 인간의 형태로 그리는 것이나 인간의 감정 또는 동기를 폭풍이나 지진과 같은 자연의 힘으로 돌리는 것도 마찬가지 예이다. 의인화는 스토리텔링 같은 문학적 기교와 같은 고대에 뿌리를 두고 있다. 대부분의 문화는 단군신화의 곰이나 호랑이 같이 의인화된 동물로 전통적인 우화를 가지고 있다. 또한 마케팅과 같은 분야에서도 의인화 기법은 자주 사용된다. M&M초콜릿의 경우 초콜릿을 의인화해 광고하고 있고, SK하이닉스는 반도체를 의인화한 사례가 있다.

<그림 2.15> 의인화 사례 - 초콜릿, 반도체

의인화를 문제해결에서 사용하는 이유는 인간이란 인간에게 친숙한 존재이라서 감정과 사고의 이입(移入)이 용이하기 때문이다. 문제를 해결할 때 어떤 행동 하면 좋을까 사람이라면 어떻게 행동할까 하는 식으로 생각하는 것이다.

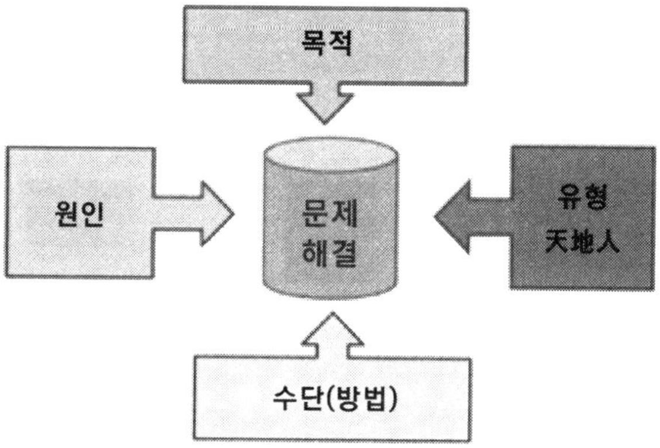

<그림 2.16> 문제해결 기본 프레임

문제를 해결하려면 <그림 2.16>과 같이 원인, 수단, 목적, 유형의 네 가지가 필요하다. 이 중 원인과 수단이 문제해결에서 필수이다.

원인과 수단은 Tool(문제를 일으키는 것)과 Object(Tool에 의해 영향을 받는 것)간에 일어나는 Action(행위)에 의해 성립한다.

무선 키보드를 사용하는 데 갑자기 입력이 잘 안된다는 문제를 예로 생각해보자. 이 예는 Tool이 무선 키보드이고 Object가 PC 그리고 Action은 정보(신호)를 보내는 것이라고 볼 수 있다. 이것을 SLP로 표현하면 <그림 2.17>과 같다.

Tool(왼쪽 소인)이 Object(오른쪽 소인)에게 정보(공)을 던지는 데 오른쪽 소인이 공을 받지 못하거나, 왼쪽 소인이 공을 제대로 던지지 못하거나 하는 상황이다. 그러면 왜 오른쪽 소인이 공을 받지 못할까?

<그림 2.17> 무선 키보드 SLP 모델

<그림 2.18> 무선 키보드 문제 원인 SLP 모델

예를 들면 <그림 2.18> 좌측 그림에 왼쪽 소인의 힘이 약해져서 공을 충분히 던지지 못하면 오른쪽 소인이 공을 받지 못할 수 있다. 또는 우측 그림처럼 중간에 공을 탈취하는 소인이 있다면 공은 왼쪽 소인에게 가지 못한다.

이것을 전문지식과 SLP 기법으로 대비해 표현하면 다음과 같다.(<그림 2.18> 왼쪽 그림)

- 전문지식 : Tool(트랜스미터), Action(전파를 발신한다), Object(리시버)
- S L P : Tool(왼쪽 사람), Action(공을 던진다), Object(오른쪽 사람)

이런 식으로 문제가 일어나는 과정에 사람을 대입하여 문제의 원인을 파악하고 해결 수단을 찾는 것이 SLP이다.

SLP를 전개하는 순서는 다음과 같다.

① 1단계

필요한 기능을 적절히 충족하지 못하는 개선 중인 시스템의 일부를 설정한다. 시스템 기능의 성능에 관여하는 스마트 리틀 피플(SLP) 그룹을 스케치하고 통합하여 시스템의 실제 성능을 모델링한다. SLP의 동작을 명시적으로 나타낸다.

② 2단계

i) 시스템 기능을 향상시킬 수 있는 기존 SLP의 동작을 변경하여 시스템을 수정한다고 생각한다. 개선 중인 시스템의 일부를 다시 그려 개선에 대한 아이디어를 설명한다.

ii) 시스템 기능을 개선하기 위해 적절한 동작으로 추가 SLP를 도입하고/또는 기존 SLP의 일부를 제거하여 시스템을 수정하는 것을 생각해 본다. 개선 중인 시스템의 일부를 다시 그려 개선에 대한 아이디어를 설명한다.

iii) 시스템 기능을 개선하기 위해 시스템 자체를 수정한다고 생각한다(특정 새로운 동작으로 SLP가 필요할 수 있음). 개선 중인 시스템의 일부를 다시 그려 개선에 대한 아이디어를 설명한다.

③ 3단계

2단계에서 SLP를 통해 올바르게 작동하는 시스템의 실질적인 실현을 생각해 보라. 이러한 실용적인 시스템을 스케치한다. 구현을 위한 최상의 시스템을 결정한다.

※ 추가 지침

- SLP는 필요에 따라 여러 번 정렬 및 재배열할 수 있다.
- SLP는 필요한 특성(동작)을 소유할 수 있다: 자기, 전기(전자 또는 이온), 끈적 끈적한, 모바일, 손을 잡고, 점프, 변경 위치, 수축 및 성장, 에너지 축적, 마찰 제거 등
- 사용자는 자신의 SLP 표현과 기호를 개발할 수 있다.

2.4 ISQ(Innovation Situation Questionnaire)

ISQ는 트리즈 마스터인 보리스 즐로틴(Boris Zlotin)과 동료들에 의해 만들어진 문제해결 9단계 프로세스로 아래와 같이 구성된다.

① 문제에 대한 간단한 설명

② 시스템에 관한 정보

③ 문제 상황에 대한 정보

④ 솔루션의 이상적인 비전

⑤ 이용 가능한 자원

⑥ 시스템에 허용되는 변경

⑦ 솔루션 개념 선택 기준

⑧ 회사 비즈니스 환경에 대한 설명

⑨ 프로젝트 데이터

ISQ는 알트슐러의 ARIZ 85C처럼 문제해결 프로세스의 일종이다. 다른 기법이나 프로세스와의 차이점이 두 가지 있다.

첫째 문제의 원인(혹은 문제를 일으키는 메커니즘)을 <그림 2.19>처럼 network로 기술하는 점에서 peer to peer로 기술하는 CECA(Cause and Effect Chains Analysis)나 RCA(Root Cause Analysis)와 다르다. 이것은 장점이면서 또한 단점이기도 하다.

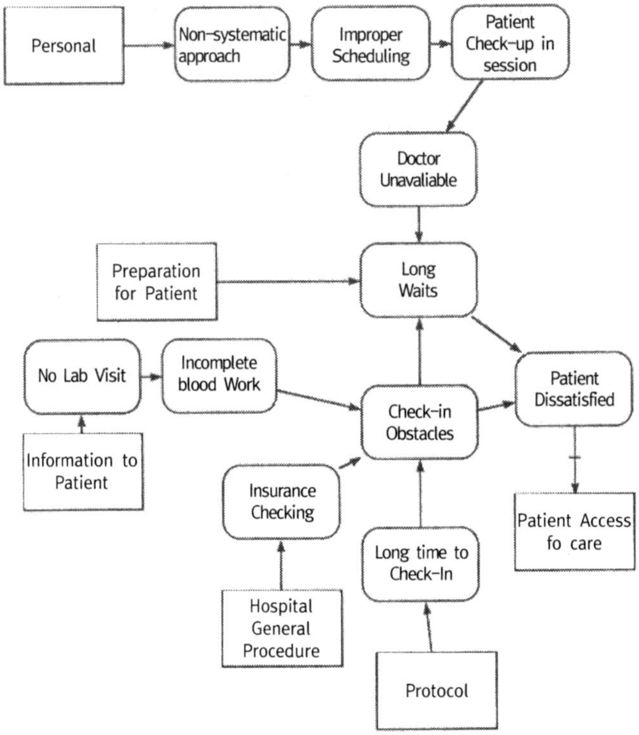

<그림 2.19> ISQ 기술 예

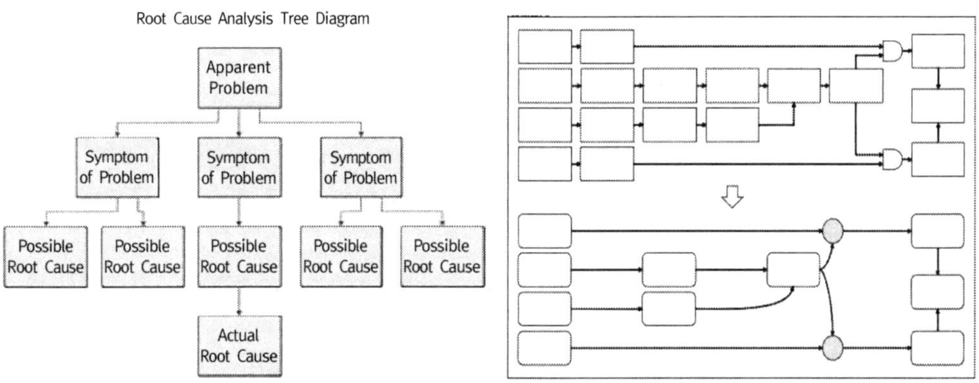

<그림 2.20> RCA 와 CECA 문제 기술 예

문제(결과)가 생긴 것에는 반드시 원인이 있다는 관점이 있다. 이것을 인과율이라고 한다. '무언가를 일으키는 것'과 '무언가에 의해 일어난 것', 혹은 그 둘이 서로 맺고 있는 관계가 원인과 결과이다. 인과율은 철학, 종교에서 동서양을 막론하고 고대부터 연구된 개념이다. 임의의 사물, 사건, 혹은 현상에 관하여 원인이 반드시 있어야 한다는 것이다. 또한 '무에서 유가 생겨날 수 없다'는 원리와도 관계가 있다. 예를 들어 일본에서는 매년 3월 초부터 5월초에 걸쳐 화분증(花粉症, 꽃가루 알레르기)이 생기는 데 화분증(결과)는 삼나무 꽃가루(원인)에 의해 생긴 것이다. 한국에서는 직장인의 74.4%(466명)가 '회사 우울증'(결과)을 앓고 있는 데, 원인은 '불확실한 회사의 비전'(47.4%) '자신의 미래에 대한 불확실성'(45.7%) '과도한 업무량'(34.1%) '상사와의 관계'(26.6%) 순이었다.

1986년 1월 28일 일어난 미국의 우주왕복선 챌린저의 발사 실패(결과)는 우측 부스터 로켓의 고무 재질 O-Ring이 18.5℃이하에서는 급격히 탄성력을 잃어 딱딱해 진 고무에 금이 간 것이 원인이다.

문제의 원인에는 직접 원인과 간접 원인이 있다. 불교에서는 이것을 인연으로 표현한다. 직접원인을 인이라고 하고, 간접 원인을 연이라고 한다. 예를 들면 기계설비 벨트에 안전커버가 없기 때문에 손이 말려드는 재해가 일어났을 경우, 안전커버가 부착되어 있지 않은 불안전한 상태가 재해를 발생시킨 직접 원인이지만 그러한 불안전한 상태가 발생된 원인, 즉 설계상의 결함 또는 수리시에 떼어 놓은 채 부착하지 않는 등의 실수는 그 재해의 간접원인이 된다.

미국의 우주왕복선 챌린저의 발사 실패(결과)도 직접 원인은 O-Ring 고무에 균열이 생겨 가스 분출로 사고가 난 것이 직접 원인이지만, 날씨가 섭씨 18.5℃ 이하였던 것, 오전에 발생한 화재 감지 시스템 문제로 챌린저는 발사대에 2시간이 넘도록 계속 서있었었던 것, 산화알루미늄 찌꺼기가 틈새를 막아서 O-Ring이 해야 할 일을 대신하고 있었는데 발사 후 37초부터 20초가량 이어진 강력한 윈드시어Windshear에 의해 이 찌꺼기가 모두 빠진 것, O-Ring의 설계자인 로저 보졸리(Roger Boisjoly)가 1년 전에 발사 된 STS-51-C 미션 에서 O-Ring이 타 들어가 1mm도 남지 않은 사실을 발견해 발사 연기를 요청했지만 정치적 이유로 무시된 것들이 간접원인이다.

앞에서 말한 화분증이란 문제의 원인을 기술해 보자.

화분증은 3월에서 5월초에만 발생하므로 삼나무 화분이 문제의 직접원인이다. 그런데 모든 사람에게 화분증이 생기는 것이 아니라 48%의 사람들에게 생긴다. 외국인의 경우 첫해에는 생기지 않았던 사람 중 다수가 2년차부터는 생긴다. 그것은 화분이 몸 안에 들어올 경우 이물질로 판단해 IgF항원을 만들기 때문이다. 그리고 다음 해부터는 그것이 알레르기를 일으킨다. 그런데 화분증이 시골보다는 도시가 더 많이 발생한다. 그것은 연료로 사용하는 석유 안에 들어간 황이 연소 후 이산화황을 만들고 이것이 화분과 결합해 작용 기전을 향상하기 때문이다.

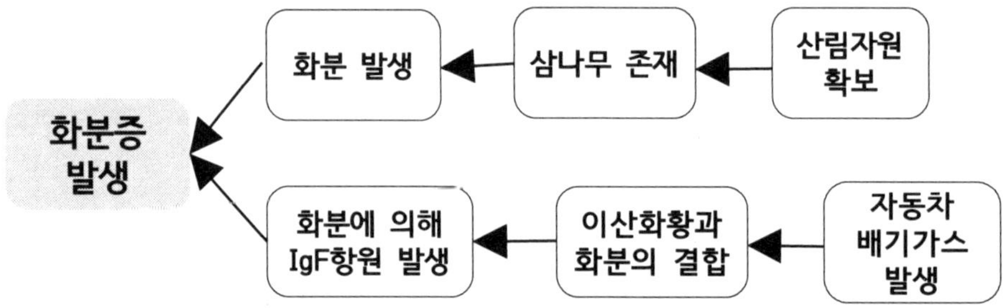

<그림 2.21> 화분증 발생원인도

이렇게 문제의 원인을 직접 원인과 간접 원인을 포함하는 인연으로 해석하면 그림 3과 같은 여러 개의 직접, 간접 원인이 얽힌 network이 만들어지고, RCA와 같은 peer to peer는 만들어지지 않는다. 그래서 ISQ는 문제를 좀 더 넓고, 깊게 볼 수 있다는 장점을 가진다. 하지만 검토해야 할 정보량이 늘어나기 때문에 이로 인해 작성하기 어렵고 시간이 걸린다는 단점도 있다.

둘째 ISQ는 관념으로서의 기법이 아니라 문제해결 과정에서 허용되는 변경, 기술적 특성, 경제적 특성 등과 같이 현실을 반영하는 프로세스다. 이는 1974년부터 트리즈를 이용해 교육, 문제해결을 해왔던 보리스 즐로틴의 경험이 반영되었기 때문으로 추측된다. 물론 문제의 근본까지 해결하면 관념적으로는 좋다. 하지만 현실에서는 시간과 자원의 한계로 인해 기술적 특성, 경제적 특성, 타임테이블, 원하는 혁신 수준을 받아들여야 한다.

중아함경(中阿含經) 전유경(箭喻經)에 나오는 독화살의 이야기를 보자. 독화살을 맞은 사람이 있다. 친척들이 의사를 불러와서 독화살을 뽑고 약을 바르고자 하였다. 그러나 의사는 '아직 화살을 뽑아서는 안됩니다. 나는 먼저 당신의 성과 이름과 태어난 곳과 나이와 부모를 알아야 하겠습니다. 그런 다음에는 화살을 누가 만들었고 어느 산의 나무로 만들었으며 무슨 나무이며 깃털은 어떤 새의 깃털이며 화살의 촉은 누가 만들었으며 그 쇠는 무슨 쇠인지를 알아야 하겠습니다. 그리고 또 활은 어느 산의 나무로 만들었고 뿔은 어떤 짐승의 뿔인지도 알아야 하겠습니다. 또 독약은 어디서 생겼으며 그 이름은 무엇인지도 알고자 합니다. 이러한 것을 다 분명하게 안 뒤에 당신이 화살을 뽑고 약을 바르도록 허락하겠습니다.'라고 한다면 그 의사는 명의인가?

ISQ를 사용하는 항목은 다음과 같이 9가지이다.

① 문제에 대한 간단한 설명

이 항목에서는 해결하고자 하는 문제를 설명한다. 말과 사진, 그림 등을 이용해 설명하는 것이 바람직하다.

② 시스템에 관한 정보

i) 시스템 이름

이 항목에서는 해결하고자 하는 문제가 포함된 시스템을 설명한다. 화분증을 예로 들면 나무가 아니라 임업이라는 경제 시스템이 관여한다. 9 윈도우를 적용해 문제가 처한 시스템(과거, 현재, 미래 / 서브, 현, 슈퍼 등)을 분석해 본다.

ii) 시스템 구조

이 항목에서는 해결하고자 하는 문제가 발생하는 구조를 설명한다. 화분증을 예로 들면 화분증을 일으키는 삼나무를 잘라 버리면 문제의 원인이 없어지지만, 삼나무가 개인자산이라서 국가가 강제하기 어려운 구조가 있고, 개인 자산인데 가격이 너무 싸 채벌 비용보다 적게 나오는 경제 구조가 관여되어 있다.

iii) 시스템 기능

이 항목에서는 문제가 속한 시스템에서 일어나는 기능을 설명한다. 화분증을 예로 들면 화분이 콧속에 들어가면 몸의 면역이 항체를 형성하는 기능 때문에 일어난다.

iv) 시스템 환경

이 항목에서는 문제가 발생하는 시스템의 환경에 대해 설명한다.

③ 문제 상황에 대한 정보

i) 해결해야 할 문제

이 항목에서는 해결하고자 하는 문제를 설명한다. 말과 사진, 그림 등을 이용해 설명하는 것이 바람직하다.

ii) 문제를 발생시키는 메커니즘

제가 일어나고 있는 메커니즘을 설명한다.

iii) 해결되지 않은 문제의 원하지 않는 결과

해결되지 못해 생기고 있는, 혹은 생길 수 있는 문제를 설명한다.

iv) 문제의 역사

문제의 역사를 설명한다.

화분증을 예로 들면 태평양전쟁 패망 후 일본정부가 쉽게 자라는 삼나무를 과다하게 심은 것에서 출발한다. 성장이 빠르고 재배가 쉬워 초기 국토 녹화에 도움이 되었다. 하지만 지금은 전 국민의 절반 이상이 이것으로 인해 고통받고 있다.

v) 비슷한 문제가 있는 다른 시스템

초기에 도움이 되었다가 나중에 문제가 된 사례가 여기에 해당된다. 예를 들면 사과 재배에 농약 사용, PL 480을 활용한 미국산 밀가루 사용 등과 같이 수많은 유사사례가 있다.

vi) 이 문제를 해결할 수 없는 경우 해결해야 할 다른 문제.

문제는 단일 문제보다는 여러 문제가 복합되어 있는 것이 많기에 해결이 용이한 문제를 찾는 것이다.

④ 솔루션의 이상적인 비전

이 항목에서는 이상성을 활용해 문제 해결 방향을 고민한다.

⑤ 이용 가능한 자원

물질 자원/에너지 자원/공간 자원/시간 자원/정보 자원

문제의 본질인 5자원의 프레임을 이용해 문제 해법 검토

⑥ 시스템에 허용되는 변경

최대 문제, 최소 문제 전략을 검토하여 현 상황에서 가능한 변경 범위가 어디인가를 확인

⑦ 솔루션 개념 선택 기준

i) 기술적 특성 정의

재료, 에너지, 방법, 시간, 공간 등 한계를 만드는 기술적 특성이 무엇인가 검토

ii) 경제 특성 정의

문제 해결자의 경제적 능력에 맞는 해법

iii) 시간표 정의

과제의 종점을 정하고 이에 맞는 단계와 목표 설정

iv) 원하는 혁신 수준

- 트리즈의 혁신 3,4 수준이 바람직하지만 사용자의 수준 등을 고려한 아이디어 제안

예를 들면 열에 약한 강유전성 LCD의 경우 재료를 바꾸는 것이 최종해이지만 재료의 변경에는 평균 17년이 소요되므로 국가 수준에서만 가능한 해법이다.

⑧ 회사 비즈니스 환경에 대한 설명

문제를 해결하는 회사의 비즈니스 환경

예를 들면 B2B, B2C, B2G등과 같은 비즈니스 모델

사회적 환경에 대한 설명

⑨ 프로젝트 데이터

i) 프로젝트 명

ii) 프로젝트 목적

iii) 프로젝트 타임 라인

Chapter 3

시스템 솔루션

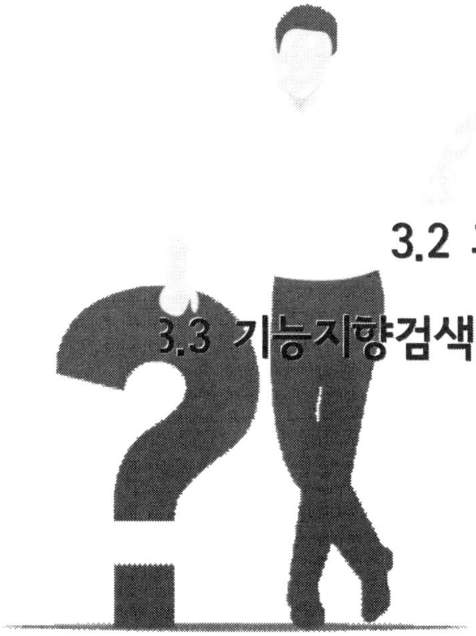

3.1 이상성(Ideality)

3.2 과학(기술) 효과(Scientific Effects)

3.3 기능지향검색(FOS; Function-Oriented Search)

3.1 이상성(Ideality)

3.1.1 이상성의 개념

이상적(理想的)이란 정성적인 개념으로 어떤 것에 대하여 생각할 수 있는 것 중에서 가장 나은 것이다. 이상성(Ideality)에 대한 사전적 정의는 이상적인 품질 또는 성격, 이상화하는 능력, 관념 속에만 존재하고 현실에는 존재하지 않는 것으로 정의된다. 즉, 이상성이란 현상이 아닌 이상적인 품질, 현상에 없는 이상으로만 존재하는 것으로 달성하기 거의 불가능한 상태를 말한다고 할 것이다. 이상의 반대말은 현실로 결국 이상적이란 현실적이지 않다는 것이다.

이상성은 문제를 해결하고자 할 때 자원의 투입은 최소화하면서 최고의 기능 산출을 얻어내는 것을 말한다. 경제학에서 요구하는 최소의 비용으로 최고의 효과를 만들어 내는 경제 법칙과 일맥 상통한다.

트리즈에서는 비용이나 자원의 투입이 전혀 없으면서 유용한 기능이나 효과가 무한대인 거의 존재하기 어려운 가장 이상적인 결과를 얻는 이상성이 가장 극대화된 것을 IFR(Ideal Final Results)로 표현한다. IFR은 이상적인 것으라 실제는 존재할 수 없는 것이지만 트리즈에서 IFR은 수단을 고려하지 않고 문제해결의 가장 이상적인 방향을 설정하는 목적과 역할을 수행한다.

시스템은 어떤 목적을 수행하기 위하여 다수 구성요소들의 조합으로 계층적으로 각 구성요소들이 최적의 기능을 수행하도록 설계된다. 이 구성요소들은 각각 도구, 대상, 작용의 기능을 구성하는 최소 단위로 구성되어 각각 이상적 결과를 지향하고자 한다. 어떤 제품에는 제조자, 공급자, 구매자, 경쟁자, 최종 사용자, 발명가 또는 연구자 등 많은 이해관계자들이 관계되며 그 각각은 자신만의 관점에서 이상성을 추구한다. 이를 국부적 이상성이라고 할 수 있다.

Object/Goods	Shareholder	Ideality
	Manufacturer	Profit Margins, Turnover, ROA, ROI, BEP
	Supplier	Profit Margins, Turnover, ROA, ROI, BEP
	Buyer	Cost, Value, Relationship, Timing
	Competitor	Lower Cost, Higher Quality, Improved Functionality, Increased Market Share, Turnover, Keeping Brand
	End User	Performance, Quality, Price, Convenience
	Inventor	Operating object's function without system or object

<그림 3.1> 볼펜에 대한 국부적 이상성

기술 시스템들은 진화하면서 점점 이상성에 가깝게 발전한다. 이상성은 시스템의 공간, 에너지, 비용, 자원 등 시스템의 기능성과 관련된 제반 요소들을 포함하고 있어 실제 이상적인 현실에 도달하는 것은 매우 어렵다. 하지만 문제 해결자는 항상 이상성을 추구하여야 한다. 이상성은 더 이상 개선이나 개량할 것 없는 상태가 아닌 뺄 것이 없는 궁극의 상태로 발명자, 기술자들이 달성해야 할 목표이며 기술개발의 최종 목표이다. 이상성을 달성하기 위해서는 시스템 내의 모순을 극복해야 하고, 시스템 사고로 관점을 다양화 하여 심리적 타성을 없애고 시스템적 기능을 최적화해야 한다. 또한 발명가답게 상상력을 극대화함으로써 이상성을 증대하고, 주변의 보유 자원을 적극 활용해 비용을 최소화 해야 한다.

트리즈 문제해결 프로세스에서 기본적인 4가지 전제는 문제해결에서 심리적 관성을 없앨 수 있는 이상성, 문제에 내재된 모순, 문제들을 새로운 수준으로 이해하기 위한 도구를 제공하는 시스템적 접근 그리고 자원이다.

트리즈는 이상성을 지향하며 이상성은 트리즈의 기본 요소로 심리적 관성을 없애 창의성을 촉진하는 매우 중요한 의미를 가지기 때문에 이에 대해 충분히 이해하는 것이 필요하다. 특히 알트슐러가 정의한 기술진화의 패턴에서 이상성 증가의 패턴은 변증법적 기술의 발전과 미래예측과 연계된 기술개발을 위한 트리즈 방법론이다.

알트슐러는 모든 시스템 특히 기술적인 시스템은 이상 기능이 더 높은 수준으로 발전 증가하는 방향으로 진화되며 이러한 이상 기능의 개념은 문제 해결자로 하여금 심리적 관성이나 관습에서 벗어나 가장 완벽한 것을 추구하도록 한다. 또한 이상 기능은 트리즈가 제거하거나 최소화 시킬 시스템의 모순을 극대화 및 표면화시켜 유용한 기능을 최대화하고 유해한 기능을 최소화시키고자 한다. 이것들이 트리즈에서 이상 기능의 개념적 목표라고 한다. 시스템에서 작동되는 기능은 유용한 기능과 유해한 기능으로 구분할 수 있고 모든 시스템은 유효한 결과와 유해한 결과를 동시에 유발시키는 기능들을 수행한다. 유용한 기능이란 시스템에서 바라는 기능이고 유해한 기능이란 시스템에서 바라지 않는 기능을 말한다. 유해한 기능의 예로는 부가적인 비용 발생, 환경 오염과 공해의 발생, 과다한 열의 발생, 에너지 소모 발생 등이 있다.

시스템의 이상적인 상태를 만드는 이상성은 트리즈에서는 이상 기능으로서 유용한 기능들(Useful Function)의 합을 유해한 작용/기능들(Harmful Effects & Functions)의 합으로 나눈 값으로 정의한다. 경우에 따라서는 유용한 효과를 얻는 것에 대한 투입된 비용과의 관계로 간단히 나타내는 등 다양한 표현을 사용한다. 이를 개념식으로 나타내면 다음과 같다.

- 이상성(Ideality) = 유용한 기능들의 합(Sum of Useful Effects)/유해한 기능들의 합(Sum of Harmful Effects)
- 이상성 = 유용한 효과/비용(또는 자원의 소비)
- $\text{I(Ideality)} = \dfrac{\sum \text{시스템의 유용한 기능}}{\sum \text{시스템의 바람직하지 못한 특성}}$

위 식을 비용과 같은 유해한 것을 포함하여 다시 표현하면 다음과 같이 나타낼 수 있다.

$$\text{이상성} = I = \frac{\Sigma\ \text{유용한 기능}}{\Sigma\ \text{비용} + \Sigma\ \text{해로운 기능}} = \infty$$

창의적 문제해결 방법인 트리즈는 문제에 대하여 시스템적 사고의 접근방법을 통해 심리적 편견을 극복하고 주변의 자원을 활용하여 가장 이상적인 최종 해결책(IFR)을 설정하고 이를 달성하기 위하여 모순을 찾고 가장 최적인 안을 만들어 해결하는 방법이다.

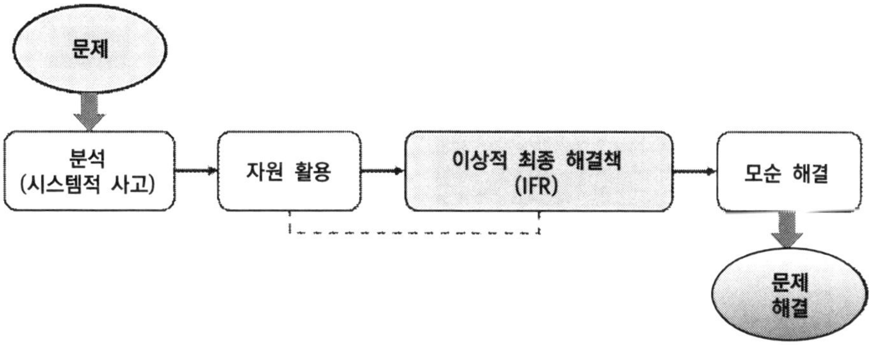

<그림 3.2> 트리즈 문제해결 과정 요약

이상성은 구조적 접근이 필요하다. 이상성을 추구하는 핵심적인 것은 시스템 내부나 주변에 존재하고 있는 자원을 적절하게 활용하는 것이다. 다음은 이상적 해결책 구조화를 설정한 후 시스템 내의 자원을 활용하여 문제를 해결하는 I-TRIZ(Ideation-TRIZ)의 구조화된 접근의 4단계 모델을 간략하게 요약한 것이다.

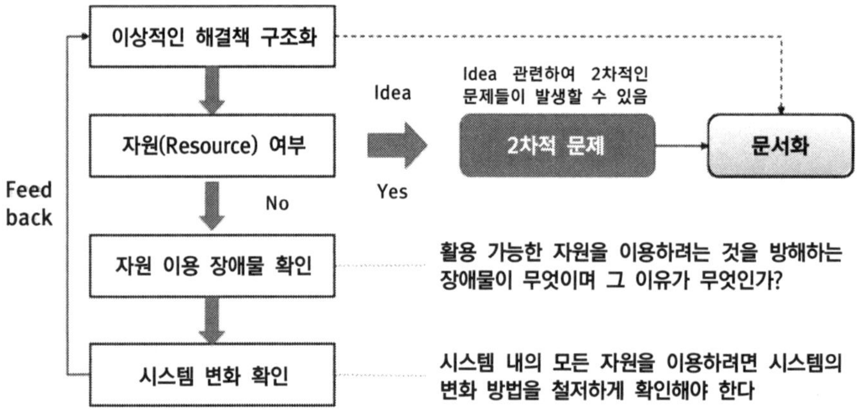

김학준 외 3인, 창의성 설계 1, 경남대학교 산학협력단, 2006.6, 재편집

<그림 3.3> I-TRIZ의 구조화된 접근의 4단계 모델

3.1.2 이상성을 개선하는 방법

이상성을 개선한다는 것은 무게나 크기 감소, 외형 개선, 편안함 증대, 해로운 부산물 감소 등을 통해 이전 대비 더욱 효율적인 시스템이 되도록 하는 것으로 물리, 화학, 기하학 및 다른 과학적 효과와 같은 기존 자원의 사용은 이상성을 개선하게 할 수 있다.

시스템의 이상성을 증가시키는 방법으로는 단순하게는 상기 이상성의 개념식에서 분모에 해당하는 비용 및 해로운 기능을 제거하거나 최소로 하고 분자에 해당하는 유용한 기능을 유지 또는 강화, 증가시키는 전략이 있다.

즉, 현재의 설계 상태를 그대로 유지하는 방안, 새로운 기능을 추가하거나 일부 기능을 개선하는 방안, 불필요한 기능을 제거하는 방안, 일부 기능을 개선함과 동시에 불필요한 기능을 제거하는 방안 등이다.

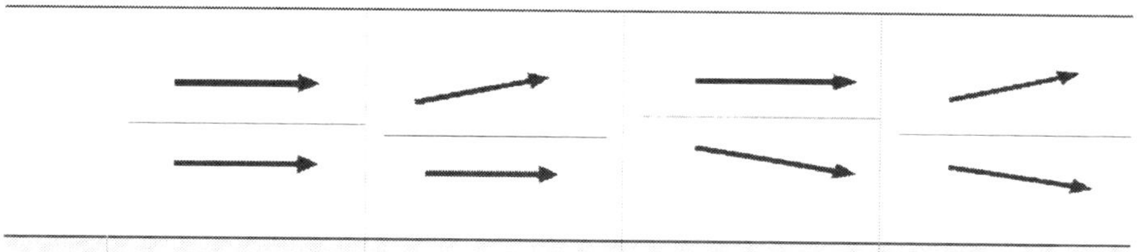

내용	현재 설계 유지	기능 추가 또는 개선	불필요한 기능 제거	기능 개선 및 불필요한 기능 제거

<그림 3.4> 이상성 개선 방안 개념

이상성을 높이는 방법으로 크게 3가지가 있다.

첫째, 기능으로 인해 얻게 되는 결과에 대한 필요성 즉, 도구의 기능에 대한 필요성을 원천적으로 제거하여 기능에 대한 필요성을 없애는 방법이다. 또는 기능의 대상에 대한 필요성을 제거하여 기능에 대한 필요성을 제거한다.

둘째, 도구의 기능은 수행하지만 도구 자체는 없앰으로서 이상성을 높일 수 있다. 자원이 기능을 수행하도록 하거나 다른 개념을 도입 또는 적용시켜 기능에 대한 대안적 성능을 고려하는 것이다.

셋째, 도구 자체가 시스템 등의 문제나 악화를 발생시키지 않으면서 유해 작용을 없애거나 새로운 기능을 하도록 하여 이상성을 높일 수 있다.

도구와 대상 그리고 작용하는 기능에 대하여 극단적으로 이상적인 해결책을 만들기 위한 3가지 방법은 다음 그림과 같다.

극단적 이상성 제고 방법	비고
대상을 없애고 유해한 기능과 함께 유익한 기능도 없앤다	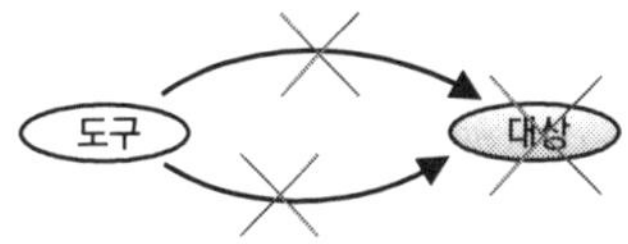
도구를 없애고 대상이 스스로 유용한 기능을 수행한다	
기존의 도구대신 새로운 것이 그 유용한 작용을 대신한다	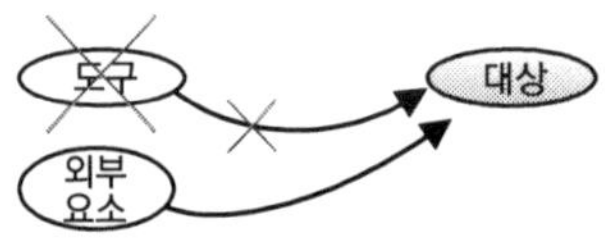

* Victor Fey, Innovation on Demand

<그림 3.5> 극단적 이상성 해결책 제고 방법

시스템 갈등은 유용한 작용이 해로운 효과를 동시에 일으키거나 유용한 작용의 도입 또는 해로운 작용의 제거가 시스템의 어느 부분이나 전체에 부적절하거나 받아들일 수 없는 문제를 일으킬 때 발생한다.

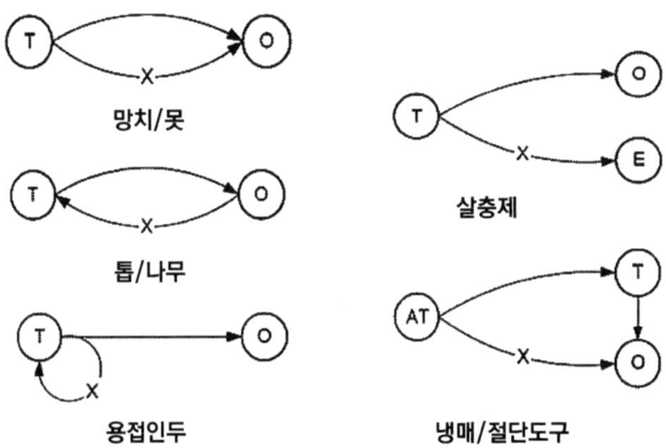

<그림 3.6> 시스템 갈등 도식화

시스템 갈등에 대한 해결은 해로운 작용을 제거하면서 유용한 작용을 유지하는 것이며 다음과 같은 상황들이 만들어질 수 있다.

① 도구나 대상의 제거(이상성 전략), 보조 도구 제거

② 해로운 작용이 없어지도록 도구나 대상인 갈등요소의 변경

③ 해로운 작용을 제거하거나 중화하기 위해서 특별한 요소(도구)의 도입

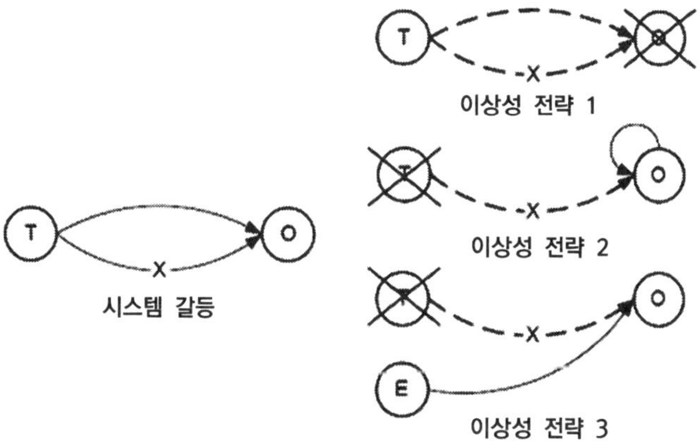

<그림 3.7> 시스템 갈등 해결을 위한 이상성 전략

해로운 작용을 제거하거나 중화하기 위해 새로운 도구를 도입하는 전략을 사용할 수 있다.

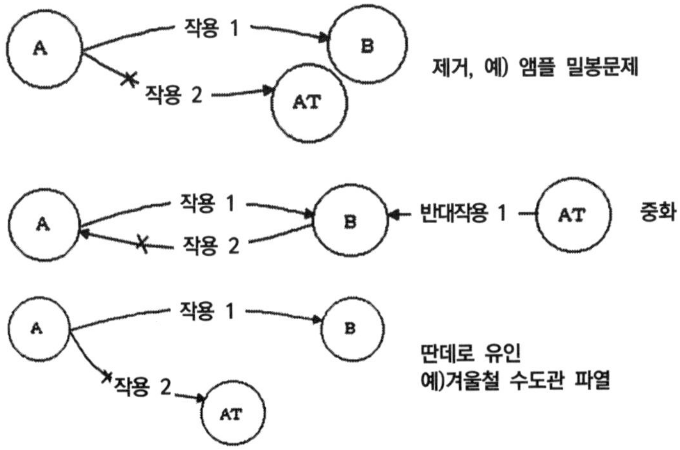

<그림 3.8> 해로운 작용을 제거하기 위해 새로운 도구를 도입하는 전략

이상성을 개선하기 위해 다음과 같은 6가지 방법이 사용된다.

① **보조 기능을 제거**한다.

② **요소들을 제거**한다.

③ **셀프 서비스(self-service)를 강화**한다.

④ **요소, 부품 또는 시스템을 교체**한다.

⑤ **작동원리를 변경**한다.

⑥ **자원을 적극 활용**한다. 시스템 내부 또는 주위에 이미 존재하는 각종 자원을 활용해서 기능성을 추가할 수 있다.

이상적인 기계(Ideal Machine)는 기계가 없이 원하는 기능을 수행할 수 있는 것으로 기계를 제조, 유지함에 별도 비용이 소요되지 않으며 장소나 공간을 차지하지 않고 고장도 없는 시스템이다. 이것이 트리즈의 문제해결에서 바라는 이상적인 최종 결과(IFR)이다. 이상적 최종결과는 위의 개념식에서 분자인 유용한 기능이 극대화되고 분모인 유해한 기능이 극소화되는 즉 해로운 기능이 거의 존재하지 않으면서도 그 기능이 보장되는 시스템이라 할 수 있다.

이상적 최종 결과인 이상 시스템은 어떤 결점 없이 원하는 것만을 제공하거나 수행한다. 이상 해결책은 유용한 기능을 달성하고자 할 때 다른 기능의 저하가 유발되지 않거나 유해한 기능의 제거로 인해 또다른 유해한 기능이 발생함 없이 달성되는 것이다. 이는 어떠한 타협이나 절충 없이 모순을 해결함으로서 달성된다.

3.1.3 이상적 최종 결과 사례

이상성의 개념은 문제해결에서 심리적 타성을 탈피하는 데 많은 도움이 된다. 이상성을 이용한 문제해결 사례들을 통해 이상성의 중요성을 알아 보자.

<사례 1> 암세포만 선택해 죽이는 암치료 방법

자성이 있는 물질이 자성을 잃어버리는 온도(Curie Point)인 42도에 맞춰 특수 재질로 만든 작은 자성체(Ferromagnetic) 입자들을 혈액에 주입해 암세포만 선택해 죽이는 암치료 방법이다. 기존의 온도계를 이용해 암세포를 죽이는 치료방법에서 기능(온도를 측정 및 조절하는)은 존재하나 기계나 기구는 존재하지 않도록 했다.

<사례 2> 잔디 기계로 깎을 필요가 없는 자라지 않는 잔디

미국의 경우 자기 집 앞의 잔디가 자라서 이웃이 불쾌감을 느낄 정도가 되면 벌금을 부과할 수 있어 사람들이 시간이 나는 대로 무거운 잔디기계로 잔디를 깎아야 한다. 이 문제를 해결하기 위해 잔디가 일정 높이 이상 자라면 더 이상 자라지 않도록 해 잔디 깎는 기계 자체를 필요 없도록 했다.

<사례 3> 자동 업데이트 기능을 통해 유지가 필요 없는 홈페이지

매번 내용을 업데이트하려면 시간과 비용이 소요되는 문제에 대하여 자동으로 업데이트 기능을 갖춤으로 유지가 필요 없도록 한다.

<사례 4> 비대면 교육을 통한 학교 없는 교육

코로나 19로 인한 대면이 어려운 상황에 맞춰 비대면으로 원격 교육, 강의 및 토론이 가능하도록 한 학교 없는 교육(온라인, 컴퓨터 기반 원격 강의/교육) 환경을 구현한다.

<사례 5> 자전거

현재의 자전거는 초기 자전거보다 부품 수는 증가되었지만 개선된 특성이 더 많아졌으므로 이상성이 향상되었다. 기어 변환장치의 경우 신형 전자식 장치는 기계식 장치보다 더 단순해졌다

<사례 6> 자동차

단순한 운반과 수납의 기능을 수행하던 자동차는 센서와 통신 기술 등 최첨단 기술들로 융복합 고도화되면서 다양한 상호직용과 서비스를 제공하여 생활공간의 일부가 되었다. 나아가 자율주행 기능을 통해 가장 이상적인 이동기구로 진화하고 있다.

<사례 7> 가상 키보드

레이저를 이용해 공간에 투사된 키보드 자판을 손으로 입력할 수 있도록 한 기술로 아이폰 6의 데모 영상에서 소개되기도 하였다. 투사된 키보드가 빛으로 구성되어 키보드 자체는 존재하지 않으면서 키보드 입력 기능은 보장된다.

<사례 8> 산과 시편 문제

산에 대한 여러 가지 합금의 내성을 비교하는 실험이 있다. 산을 담은 용기 속에 여러 합금 시편들을 넣어서 일정 시간이 경과된 후에 해당 시편에 대한 산의 효과를 알아보는 실험으로문제는 산이 용기를 손상시키는 문제가 발생한다. 이를 보완하기 위해 용기 내벽을 유리 또는 내산성 재질로 코팅하면 되지만 비용 문제가 발생하게 된다. 이상적 최종 결과는 “시험 용기가 필요 없이 산과 시편을 직접 작용시킴”이다. 산이 용기를 손상시키지 않음에서 시험 용기 없이 산과 시편을 접촉시키는 방법을 도출해 문제를 변형시켰다. 이용 가능한 자원은 시편, 공

기, 중력, 부착력 등이며 효과적인 해결책은 시편 자체를 산을 담는 용기로 만드는 것이다.

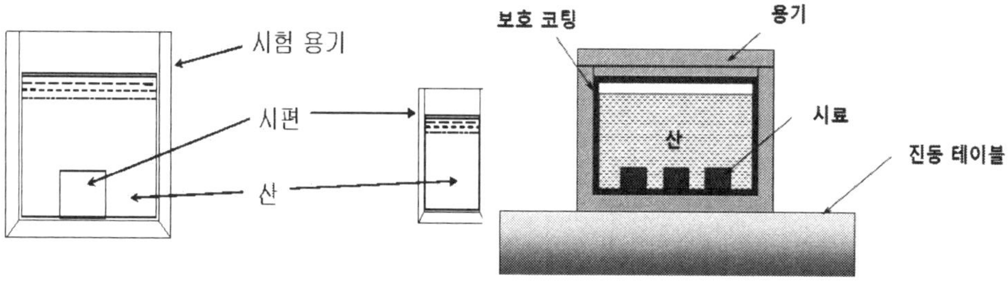

<그림 3.9> 산과 시편 문제와 해결 방안

※ 보조도구

- 가능하게 하는 것(진동 테이블, 용기벽)
- 향상시키는 것(안락의자의 팔걸이)
- 측정하는 것(배터리 충전 수준)
- 수정하는 것(유리)

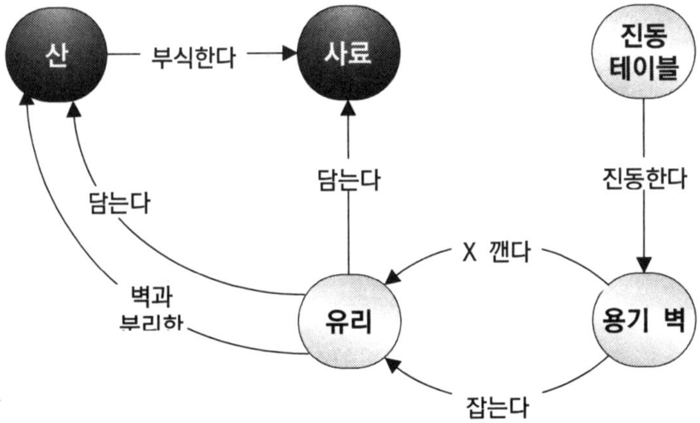

<그림 3.10> 산과 시편문제 요소들 사이의 상호작용

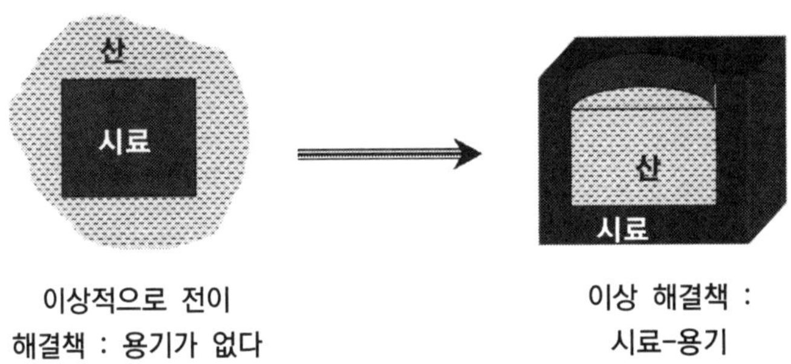

<그림 3.11> 산과 시편 문제의 이상적 해결방안

<사례 9> 신축한 축사 내부의 기류 방향과 속도를 알아내기

이상적 최종 결과는 "축사 내부의 모든 지점에서 화살표가 축사 내부 공기 흐름의 방향과 속도를 알려줌“이다.

- 양초를 사용 : 모든 곳을 확인하기 어렵다.
- 연기를 사용 : 불투명한 연기는 시야를 차단하는 단점이 존재한다.
- 공기 속에 다른 색깔이 있는 공기를 첨가(얇은 막으로 둘러싸인 것으로 일부를 물들인다) : 비누 방울을 많이 띄워 놓으면 공기 흐름을 볼 수 있으며 이를 사진으로 촬영해 두면 기류 방향과 속도를 알아낼 수 있다. 비누 방울을 활용함이 좋은 방법이다.

<사례 10> 플로트 유리 가공 방법

기존의 가공방법은 롤러로 성형하는 판유리 가공방법을 사용하고 있다. 이 방법은 용융된 유리를 빗면에 부어 롤러 사이를 지나가게 한 다음 유리 양쪽 표면을 동시에 연마하고 광을 내는 과정을 사용한다. 기존 방법의 단점은 뜨겁고 유연한 판유리가 롤러를 지나갈 때 롤러로 인해서 표면이 울퉁불퉁해서 고르게 되지 않는 점이다. 유리 표면을 고르게 하기 위해서는 롤러 직경이 작을수록 좋지만 직경이 작은 롤러를 사용한 컨베이어를 제작하고 관리하기는 대단히 어렵다.

이상적 최종 결과는 분자 규모의 롤러를 사용하는 것이다. 해결책은 금속 분자, 즉 용융된 주석(금속)을 롤러로 사용한다. 용융된 주석 위에 용융된 유리를 쏟아 붓고 금속 표면 위에서 흘러가게 한다. 유리는 주석 풀(pool)에서 냉각실로 이동시켜 서서히 냉각시킨다. 이 방법을 사용하면 유리 아래쪽 표면은 연마할 필요 없이 아주 깨끗하게 마무리되며, 부수적으로 두께가 정확해지는 장점이 추가된다. 판유리 롤러 압연 방식을 획기적으로 개선한 것으로 현재 전 세계에서 사용하고 있다.

<사례 11> 용매 없이 페인팅 하는 방법

페인트를 칠할 때 페인트 분말을 녹이기 위해서 사용하는 용매에서 유해 증기가 발생된다. 주 기능은 페인트 분말을 칠하는 것이며 보조 기능은 용매가 분말을 녹이는 것이다. 보조 기능을 하는 용매가 없이 페인트를 칠하는 방안을 도출해본다.

해결 방안은 정전기장을 사용해서 금속 부품에 분말 페인트를 부착시키며, 이후에 부품을 가열하면 페인트 분말이 녹아서 페인트 칠이 완성된다. 주 기능의 성능을 악화시키지 않고 보조 기능을 없앰으로써 이상성이 증대된 사례 중 하나이다.

<사례 12> 냉장고 홈 바의 지지대 문제

냉장고 홈바의 지지대는 특허 침해로 인해서 제작회사에 따라 양쪽에 1개씩 또는 2개씩 구성된다. 홈 바의 이상적 최종 결과는 지지대가 없어도 홈 바 기능을 하는 것이다. 홈 바에서 지지대의 역할은 홈 바 문이 아래로 내려가는 것을 지탱하는 것이다. 홈 바 문이 지지대가 없어도 아래로 내려가지 않도록 하기 위해서는 홈 바 내부 선반에 걸치는 방법이 있다. 그러므로 문제를 해결하기 위해 홈 바 문의 금형을 일부 변경함으로써 지지대가 필요 없는 홈 바가 가능해졌고 홈 바 디자인 개선 및 지지대 관련 원가가 절감되었다.

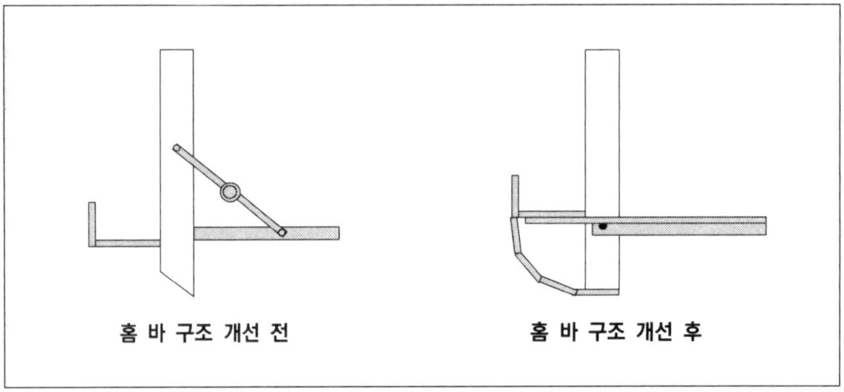

<그림 3.12> 냉장고 홈바 문제 해결방안

3.1.4 이상적 해결안을 만들기 위한 실습

인문학적인 문제해결의 사례로 회자되는 것이 솔로몬 왕의 이야기다. 두 여자가 솔로몬에게 와서 한 아이를 두고 각자 자기의 아들이라고 주장하고 왕이 해결해

달라고 한다. 지금은 유전자 검사 등을 통해 쉽게 해결할 수 있으나 당시로는 매우 어려운 문제였을 것이다. 현명한 솔로몬 왕은 아이를 둘로 갈라 두 사람에게 각각 반쪽씩 주라고 명령했고 이에 친모는 나에게 안주어도 좋으니 갈라 죽이지 말게 해달라 하여 진정한 어머니를 찾아 주게 된다. 솔로몬은 말 한마디로 난제를 해결했다. 매우 이상적인 해결책은 누구나 쉽게 할 수 있는 말 한마디 같지만 축적된 지식과 경험의 산물임을 알아야 한다. 유도와 같이 운동을 잘하는 선수들은 자신의 힘보다 상대의 힘을 이용해 큰 힘을 들이지 않고 이기는 방법을 수많은 시간을 들여 연습하여 터득하고 이를 실전에서 활용해 이기는 성과를 만든다. 트리즈 전문가가 되려면 이상적인 해결안을 만들기 위하여 관련된 사례를 충분히 익히고 나아가 당면한 문제를 스스로 해결하는 실습을 통해 트리즈로 문제를 해결하는 역량을 축적해야 한다. 트리즈의 창시자인 알트슐러도 문제해결 연습의 필요성을 반복하여 강조하였으며 이를 트리즈 학교에서 실천하였다. 해결하고자 하는 문제에 대해 "가장 이상적인 해결책은 무엇인가?"를 상상하고 이를 해결하기 위하여 어떤 자원을 활용할 수 있는지 그리고 그 결과가 만족스러운지와 최소의 비용으로 해결되도록 해야한다.

직면한 (문제)를 (시스템 내 자원)을 활용하여
(최소의 비용)으로 (적시)에 해결(원하는 목적)한다.

문제 1 자동차 타이어 마모 상태 확인방법

타이어의 마모는 운전자에게 큰 위험을 준다. 운전자가 타이어의 마모 정도를 쉽게 확인하게 하려면 어떻게 해야할까?

문제 2 겨울잠을 자는 곰 찾기

겨울에 곰은 굴 같은 곳에 들어가 겨울잠을 잔다. 겨울에는 굴 입구가 눈으로 덮여 사냥꾼들은 곰을 잡기 어렵다. 눈 덮은 겨울에 사냥꾼들은 곰이 있는 곳을 어떻게 알 수 있는가? (자원 이용, 스스로 최소 비용)

문제 3 LPG 가스통의 잔량 가스 확인하는 방법

도시가스가 들어오지 않는 산골이나 전원주택과 같은 곳에서는 LPG 가스를 이용하여 난방이나 취사 등에 사용한다. 그러나 가스통에 남아 있는 가스가 얼마나 되는지 알기 어렵다. 어떻게 하면 가스통에 남아있는 가스의 양을 용이하게 확인할 수 있는가?

문제 4 관속 액체의 흐름 방향 알아내기

액체가 흘러가는 배관이 있다. 이 배관의 겉만 보고는 관속의 액체가 어느 방향으로 흐르고 있는지 확인하기 어렵다. 어떻게 하면 관속 액체의 흐름 방향을 알 수 있을까?

문제 5 벽이 얇은 관에 구멍뚫기

벽이 얇은 관에 구멍을 뚫는 것은 관 벽이 찌그러져서 원하는 대로 구멍을 잘 뚫기가 어렵다. 고형체로 관 벽을 지지하년 관이 찌그러짐을 막을 수 있으나, 굴곡이 많은 관에서는 관을 지지할 고형체를 내부에 넣기가 어렵다. 관을 구부리기 전에 구멍을 내는 방법은 관을 구부릴 때 구멍이 찌그러질 수 있다. 이런 상황에서 관에 구멍을 뚫는 방법은 무엇일까?

문제 6 기계장치의 고장 진단하기

기계장치는 종종 고장이 나서 문제를 일으킨다. 어떻게 하면 고장이 날지 미리 알 수 있는가?

문제 7 밤에 주행 시 표지판 식별하기

낮에는 거리의 표지판이 햇빛에 잘 보여 문제가 없지만 자동차를 타고 밤에 주행하다 보면 표지판이 잘 안보여 사고가 날 위험이 있다. 어떻게 하면 표지판을 잘 보이게 할 수 있는가?

문제 8 잘 익은 수박 고르는 방법

기술이 발달하여 이제는 여름이 아닌 겨울에도 수박을 먹을 수 있다. 어떻게 하면 잘 익은 수박을 고를 수 있는가?

문제 9 고기나 식품의 상한 정도 확인하기

고기나 식품은 시간이 지나면 상하게 되어 사람이 먹으면 문제를 일을킬 수 있다. 어떻게 하면 상한 정도를 알 수 있을까?

문제 10 굴삭기의 날 마모 상태 확인방법

광산이나 건설 현장 등에서 사용하는 굴삭기의 날은 경도가 높은 광물이나 건축물로 인해 마모가 되어 잦은 교체가 필요하다. 전체를 교체하려면 상당한 시간과 비용이 부담된다. 이 문제를 어떻게 해결하는 것이 좋을까? 자원이용, 스스로(최소 비용)

문제 11 병아리 암수 구별하기

병아리의 암수를 구별하는 것은 병아리 감별사의 주 업무다. 알에서 갓 깨어난 병아리의 성별을 어떻게 구분할 수 있는가?

문제 12 소라에 실 꿰기

예쁜 소라껍질이 있다. 어린아이가 이것을 목에 걸고 다니고 싶어 엄마에게 실을 꿰어 달라고 떼를 쓴다. 엄마는 아무리 애를 써도 실이 구부러져 소라 속을 관통해 실을 꿸 수가 없다. 어떻게 하면 좋을까?

문제 13 X-Ray 촬영시 발생하는 문제

X-Ray는 인체에 유해하다. 하지만 X-Ray를 찍으면 환부 외 다른 부분도 노출되는 문제가 있는데 이를 어떻게 해결할 것인가?

이상적 해결은 문제를 해결하기 위하여 또는 원하는 목적을 달성하기 위하여 주위의 무료 또는 저렴한 물질-장 자원들을 활용하여 해로운 기능이나 비용의 발생 없이 스스로 모순 문제를 해결하여 이상적인 시스템으로 만드는 것이다.

3.2 과학(기술) 효과(Scientific Effects)

어떠한 문제를 해결할 때 자신의 지식이나 경험을 넘어선 경우가 발생하며 이 때 일반적으로 다른 사람의 도움이나 지식 자원을 활용한다. 트리즈의 특징적인 문제해결 과정은 최적해결을 위한 기능분석이나 물질-장 분석시 자연현상이나 과학기술적 효과에 대한 축적된 지식 데이터베이스 자원을 활용하는 것이다.

효과(effect)는 특정 조건에서 변형되는 다양한 종류의 에너지나 물질을 입력, 출력 및 조건으로 특징되는 변환 과정을 이해할 필요가 있다. 효과를 통해 입력이 출력으로 변환된다. 이에 효과는 변형될 대상에 따라서 기계, 열, 음향, 화학 전자기 등 장(field)과 고체, 액체, 기체 및 혼합물 등 물질로 분류되며 개체 변형의 종류에 따라 자기력을 기계적 힘으로 변환, seebeck 효과와 같이 온도 구배를 전압으로 변환하는 질적 변화와 열팽창 효과와 같이 고체를 고체로 변형시키는 양적 변화로 분류된다. 입력과 출력 기반으로 적절한 효과를 검색하기 위하여 주요 에너지 입력과 출력 그리고 물질 입력과 출력의 두 개 표를 작성한다. 이 분류는 트리즈 문헌상에서 잘 알려져 있고 적절한 기술적 효과를 검색하는 데 사용된다. 모든 효과는 알트슐러가 그의 저서 "To find the idea"에서 다룬 것처럼 최소한 5 단계의 작업에서 설명해야 한다.

① 특정 효과를 받을 수 있는 방법(condition, carriers 등)

② 특정 효과의 출력을 제거하는 방법(other effects or different tricks 등)

③ 특정 효과의 매개 변수(시간, 공간 또는 다른 매개변수와의 관계에서 변경) 및 효과의 개발 (효과의 구조에 결합하는 효과)의 매개 변수를 제어하는 방법

④ 특정 효과의 매개 변수를 측정하는 방법(other effects or different tricks or formulas)

⑤ 모든 특정 효과에 대한 반대(anti) 효과의 존재 또는 부족

한 예로 열 에너지를 사용하여 결합 상태를 변경하려면 다음을 추가해야 한다.

⑥ 결합 상태를 변경하기 위한 조건으로 모든 것이 명확하므로 건너뛴다.

⑦ 방법 중 일부는 외부 압력을 높이거나 소금을 추가(물의 총 상태를 변경하는 경우)하거나 히트파이프 등을 사용하여 열에너지의 흐름 방지를 전달할 수 있다.

⑧ 위상 전이의 매개 변수를 제어하기 위해 압력을 사용한다.

⑨ 진동 사용 또는 자성 액체 대신 일반적인 액체를 사용하고 전자기장 등을 사용한다.

⑩ 온도 또는 부피 변화를 측정하는 방법은 여러 가지가 있다. 또한 결합 상태가 변할 때 음향, 화학, 전자기 등의 특성 변화와 관련된 효과도 있다.

알트슐러는 트리즈를 활용하고 발명을 하려면 고등학교 수준의 물리 지식은 알고 있어야 한다고 하였으며 이상적인 문제해결에 필요한 효과와 성질을 분류하고 그에 적합한 물리현상을 정리한 과학기술 효과집을 만들어 활용하도록 하였다.

과학기술 효과집은 발명적 문제를 해결할 때 활용 및 지원하는 물리적, 화학적 그리고 기하학적 효과에 관한 데이터베이스(database)를 말한다. 트리즈를 효과적으로 활용하기 위해 트리즈 전용 소프트웨어로는 IMC(Invention Machine Corporation)에서 개발한 Goldfire, Ideation International Co.에서 개발한 IWB(Innovation Work Bench), 벨기에 CREAX사의 제품 등 다수 개발되어 있다. 이들 소프트웨어에는 기능별 과학기술 효과에 대하여 약 9,500여 건(약 3천여 건의 물리, 화학 현상과 6,500여 건의 응용 현상)의 상당한 데이터들이 담겨져 있으며 문제 해결시 많은 도움을 제공한다.

과학기술 효과집의 활용 과정은 간단하다. 첫째, 문제해결에 있어서 기능 분석이나 물질 장 분석에서 도구와 대상을 정하고 둘째, 도구가 대상에게 수행하고자 하는 기능이 무엇인가를 확인한 후 셋째, 해당 기능과 관련된 과학기술 효과를 별도 정리한 효과 색인이나 과학기술 효과집을 검색하여 적절한 것을 찾고 넷째, 찾은 효과 목록들을 평가하고 다섯째, 가장 적합한 과학기술 효과를 적용한다. 필요시 반복할 수 있다.

액체의 수송 방법은 어떤 것이 있을까? 사실 단순한 질문이지만 많은 사람들은 이 질문을 제시했을 때 그다지 많은 방법을 제시하지 못한다. 이유는 자신의 전공이나 경험 그리고 지식의 범위 내에서 알고 있는 것을 생각하기 때문이다. 사실 자신이 생각하는 것 이상으로 다른 분야에서 액체를 이동(수송)하는 방법이 많이 있다. 다음은 그 중 일부를 보인 것이다.

- 음향 캐비테이션(Acoustic Cavitation)
- 음향 진동(Acoustic Vibrations)
- 아르키메데스 원리(Archimedies's Principle)
- 베르누이 정리(Bernoulli's Theorem)
- 끓이기(Boiling)
- 방전 구조(Brush Construction)
- 모세관 응축(Capillary Condensation)
- 모세관 증발(Capillary Evaporation)
- 모세관 압력(Capillary Pressure)
- 코안다 효과(Coanda Effect)
- 응축(Condensation)
- 쿨롱의 법칙(Columb's Law)
- 변형(Deformation)
- 전기 모세관 효과(Electrocapillary Effect)
- 전기(Electrocosmosis)
- 전기 이동(Electrophoresis)
- 정전기 유도(Electrostatic Induction)
- 타원(Ellipse)
- 증발(Evaporation) 등

물리적 효과(Physical Effects)는 어떤 시스템의 개선에도 활용이 가능하여 많이 사용된다.

- 아르키메데스(Archemedes)의 원리
- 베르누이(Bernoulli)의 원리

- Barkhausen 효과
- Coulomb's 법칙
- Shape Memory Metal
- Piezoelectric 효과
- Doppler 효과
- Superconductivity 등

화학적 효과(Chemical Effects)는 심리적 관성으로 인해 잘 사용되지 않는다. 1,000개 발명에 한번 정도 사용할 정도이다.

- 다른 물체들을 수화물, 수소화물, 용융 또는 용접 등으로 연결함
- 흡열 반응(Endothermal Reactions)
- 발열 반응(Exothermal Reactions) 등

기하학적 효과(Geometrical Effects)는 도형 등 기하학적인 것을 활용하는 것을 말한다. 50개 이상의 기하학적 효과 사용이 가능하다.

- Brush Structures
- Spirals
- Mobius Strip 등

만일 문제를 해결하려는 것이 두 물건 사이의 간격을 조절하는 기능에 대한 것이라면 이에 대한 과학기술 효과로는 열팽창, 전기변형, 자기변형, 압전효과 등과 같은 것들이 있으며 이들 과학기술 효과 중 가장 적합한 것을 선정해 아이디어를 창출하여 문제를 해결할 수 있다.

과학기술 효과집은 자연현상들 물리, 화학, 기하학의 지식을 이론이나 원리 위주의 과학자 관점이 아닌 현장에서 실제 문제를 해결하는 기능 위주의 기술자 관점으로 정리한 것이다. 현장의 기술자들이 어려운 과학지식을 활용하여 문제를 해결하는 것은 현실적으로 어려우므로 기술자들이 기능 설계 및 개선 등에서 효과적으로 활용할 수 있도록 문제해결을 위한 기능에 맞춰 과학기술 지식을 지속적으로 분류 및 정리하는 것이 필요하다. 다음은 그 예이다.

<기능 중심 과학기술 효과 모음>

기능 대상	기능 작용	물리적 효과[물리]; 화학적 효과[화학]; 기하학적 효과[기하]
거리	변화	[기하]타원
고체	고착	[물리]마찰; 세관 다공질 재질; 자석의 사용; 강자성 분말과 자기장의 사용; [화학]전기분해
고체	변위 조절	[물리]열팽창; 전기와 자기변형; 압전효과; 기억형상 효과; 자기장; 액체와 기체에 의해 발생된 압력; 역학적 진동; 원심력; 음향 충격과 수중 충격; 전자기 유도; 전하의 상호작용; 광압; [화학]기체 수화물; 수산화물; 전기 분해; [기하]구면체; 브러시; 부드러운 몸체
광학적 특성	변화	[화학]산화물의 환원; 색깔의 변화; 광 발생; 투명도의 변화; 분자층
구조 (임의)	전개; 안정화	[물리]간섭; 공동 현상; 기계 진동과 음향 진동; 모아레 효과; 상전이; 자기파; 정지파
기계 에너지	저장	[물리]관성; 마찰; 자이로 효과; 파스칼 법칙
기계 에너지, 열 에너지	저장	[물리]상전이; 자이로스코프; 탄성 변형
기체	이동	[물리]무른 소재 이용; 배출 효과; 베르누이 정리; 열확산; 정전기 유도; 코로나 방전; 쿨롱 법칙; 파스칼 법칙; 확산
냉기	축적	[화학]기체 수화물의 분해; 수소화물; 수소; 흡열반응; 용해
냉기	생성	[물리]열관; 세관 다공질 재질; 상전이; 주울-톰슨 효과; 일렉트릿; 강자성; 랑끄 효과; 자기열 효과; 열전기; 뒤포 효과; 코로나 방전; 스터링 원리; [화학]기체 수화물의 분해; 수소화물; 흡열반응; 용해
물질	놓음(다른 물질 내부에)	[화학]운반 반응; 기체의 화학적 속박; 기체 수화물; 압축된 기체 내에서; 수소화물 내에서; 흡착제 내에서; 용해; 착이온; 액체막; 분자 자기 조립
물질	운반(다른 물질을 통해서)	[물리]상전이; 세관 다공질 재질; 삼투 현상; 확산; [화학]운반반응; 수화물과 수소화물; 금속을 통과한 수소; 열역학 반응; 화학적 평형의 바이아스; 흡수; 반투막; 액체막; 착이온
물질	간격 조절	[물리]열팽창; 전기변형; 자기변형; 압전효과
물질	결합 (하나의 물질로)	[화학]운반 반응; 열화학적 반응; 기체의 화학적 속박; 기체 수화물; 산화 반응; 발열 반응; 열화학적 반응; 용해; 활성 물질의 결합; 오존화; 착이온; 광변색 현상

마찰력	조절	[물리]존슨-라벡 효과; 복사; 액체 고리 층의 안정성 효과; 진동; 마찰이 없는 크라겔스키 효과; [화학]전기분해
마찰력	변화	[물리]나선형; 또아리; 마찰; 복사 영향; 브러시 구축; 비마모 마찰효과; 사인곡선; 습윤(wetting); 역 압전 효과; 존슨-라벡(Johnson-Rahbeck) 효과; 주름진 표면; 진동; 초음파 진동; 특이 저마찰 효과; 편심원 사용; 형상 기억 효과; Reuleaux 삼각형
면적	변화	[기하]뫼비우스 띠(단일면체)
물질	분리	[물리]관성력; 세관 다공질 재질; 초음파; 음향 파동; 압전효과; 원심력; 일렉트릿; 코로나 방전; 자기장; 흡착; 확산; 삼투현상; 전기삼투; 전기이동; [화학]운반 반응; 화학적으로 속박된 기체의 추출; 압축된 기체로부터 추출; 오존화물로부터 추출; 수소화물로부터 추출; 산화제로부터 환원; 화학적인 평형의 바이아스; 흡수체; 소수성과 친수성 물질; 반투막; 착이온; 액체막
물질	분무	[물리]전하의 상호작용; 압전효과; 일렉트릿; 코로나 방전; [기하]브러쉬
물질	조제	[물리]열팽창; 세관 다공질 재질; 유체 압축장치; 압전효과; 코로나 방전; [화학]기체 수화물; [기하]구면체; 브러시; 부드러운 몸체
물질	정세	[물리]전하의 상호작용; 코로나 방전; [화학]기체 수화물; 오존; 전기분해; 운반 반응; 압축된 기체로부터 추출; 수소화물로부터 추출; 분자 자기 조직화; 액체막; 착이온
물질의 농도	변화	[화학]운반 반응; 흡착-탈착; 화학적으로 속박된 상태로 변이; 화학적 평형의 바이아스; 반투막;? 액체막; 착이온
물질의 활동도	감소	[화학]기체의 화학적 속박; 수화물 상태로 전이; 압축된 기체 내에서; 수소화물 내에서; 용융-응고; 흡착제 내에서; 착이온
물질	변형	[물리]관성; 원심력; 변형; 포인팅 효과; 알렉산드로프 효과; 합금에서 기억 형상 효과; 고분자에서 기억 형상 효과; 열팽창; 상전이; 자기장; 적외선 방출
물질(물체)	위치 찾기	[물리]도플러 효과; 발광; 방사선 및 X레이 방사; 전기 방전; 전기장 또는 자기장에서의 변화; 표식의 도입(예; luminophores; 강자성 물질 등과 같이; 반사와 빛 사진효과 변형의 발산을 검출하기 쉬운 물질)
물질	이동	[물리]기계적 진동; 빛의 압력; 열팽창; 원심력; (액체;기체에서의)압력 전달; 자기장 또는 자석; (직류 전류로 도체에 영향을 주는)자기장; (전기적으로 전하를 띤 물체에 영향을 주는)전기장

물질	파괴	[물리]공동 현상(cavitation); 공진(resonance); 레이저 사용; 전기 방전; 전기-유압 효과; 초음파
물체 위치	안정화	[물리]반작용력; 자이로스코프 효과; 전기장, 자기장 걸기; 전기장, 자기장의 영향으로 굳혀서 액체 붙들기
물질	파괴	[물리]알렉산드로프 효과; 기억 형상효과; 공동 현상; 역학적 진동; 유전성 깨짐; 전기 방전; 음향 충격과 수중 충격; 공명; 초음파; 결맞는 광; 변형; 압력; [화학]운반 반응; 열화학적 반응; 수소화 반응; 산화물의 파괴; 연소; 폭발; 액화; 화학적 균형의 바이아스; 산화; 착이온
밀도	변화	[물리]자기와 전장 하에서 밀도와 유체점성의 변화; [화학]기체 수산화물
밀도	측정	[물리]공명; 브러시 구축; 아르키메데스 원리; 자유 진동; 진동; 코로나 방전; 펠티어 효과
복사	검출	[물리]광 음향 효과; 광 플라스틱 효과; 발광현상; 사진 효과; 열팽창
체적	변화	[물리]가열; 공동 현상(Cavitation); 광착색(Photochromatic) 효과; 내부 광(Internal photo) 효과; 바우싱거(Bauschinger) 효과; 변형; 상전이; 열전, 열자기, 광자기 효과; 이온화(전기장에 의한); 자기장이 주는 영향(자성 물질의 도입에 의해); 자외선, X선, 방사선 복사; 전기장 또는 자기장; 전기장 또는 자기장 걸기(의사 점도; 유동성)(액체의 특성 변환을 위해서); 확산
부피 특성과 상태	검출	[물리]광전기, 광자기 효과; 뫼스바우어(Moessbauer effect); 뫼스바우어(Moessbauer) 효과; 물체의 구조나 특성 변동에 따라 전기저항 바꾸기; 방사선과 X선 복사; 빛과의 상호작용; 자기탄성 효과; 전자 반자성 또는 핵자기 공명; 퀴리점 이상에서 전이; 편광; 표식 도입(예; 발광 루미노포어(luminophores); 강자성 물질 등과 같이; 반사와 빛 사진효과 변형의 발산을 검출하기 쉬운 물질); 홀(Hall) 효과; 홉킨스 및 바크하우젠(Hopkins and Barkhausen) 효과
분산입자의 운동	조절	[물리]정전기장; 전기와 자기장; 광압
불균일 물질	연결	[물리]기억 형상 효과; [화학]수화물과 수소화물의 사용; 용접; 용융, 응고; 분자 자기 조립
빛 에너지	운반	[물리]광 전도; 유도 복사
빛, 광변조	제어	[물리]광전기와 광자기 현상; 광 탄성(Photo elasticity); 빛의 굴절과 반사; 키르 페러데이(Kerr and Faraday) 효과; 프란츠 켈디쉬(Franz Keldysh) 효과; 한(Hann) 효과

빛의 흐름	조절	[물리]광 수축과 반사; 광전현상; 광자기현상; 광탄성; 케르(Kerr) 효과; 페러데이 효과; 건(Gunn) 효과
속도	변화	[물리]관성; 수착; [화학]기체 수산화물; 전기분해
속도	측정	[물리]도플러 효과; 맥스웰 효과; 압전 효과; 전자의 탄력적 분포도; 초음파 진동; 회절 각도의 변화
압력(힘)	생성	[물리]관성; 알렉산드로프 효과; 상전이; 열팽창; 원심력 자기 유체 밀도 변화; 기억 형상 효과; 수중 충격파; 수중 방전 충격파; 자기와 전기유변 유체에서 압력 기울기; 폭발; 음향충격파와 수중 충격파; 삼투현상; 자기장; 금속의 팽윤; [화학]기체 수화물의 분해; 수소화물의 분해; 액체 오존의 분해; 금속의 비강화
액체	혼합	[물리]강자성; 강제 진동; 공명; 관성; 난류; 마찰; 뫼비우스 띠; 무른 소재 사용; 열역학 효과; 초열전도; 초유동체; 초음파 진동; 타원(ellipse); 파스칼 법칙; 확산
액체	흡수	[물리]강자성; 거품 사용; 초음파 모세관 효과; 초음파 진동; 흡수(adsorption)
액체 표면	조절	[물리]관성; 중력
액체, 가스	이동	[물리]모세관 힘; 베르투이 효과; 삼투 현상; 와이젠버그 효과; 톰스 효과; 파동
액체와 기체	혼합	[물리]역학적 진동; 일렉트릿; 확산
액체와 기체의 변위	조절	[물리]세관의 증발;? 모세관의 압력; 삼투현상; 전기삼투; 톰슨 효과; 베르누이 효과; 파동 운동; 원심력; 와이센베르크 효과
에너지 (기계/열/복사/전기적 변형을 통한)	전달	[물리]대류; 레이저; 복사; 빛 반사; 섬유 광학; 알렉산드로프 효과; 열전도; 전자 유도; 진동; 초전도; 충격파를 포함한 파동
에어로졸 (먼지 입자; 연기; 안개 등)	이동	[물리]대전(Electrization); 빛의 압력; 전기장 또는 자기장 걸기
역학적 에너지	억제	[물리]세관 다공질 재질; 공동 현상; 외형; 역학적 진동; 전자기 유도; 압전효과; 전기분해
역학적 에너지	운반	[물리]변형; 진동; 알렉산드로프 효과; 파동

역학적 에너지	축적	[물리]관성; 변형; 자이로스코프 효과; 상전이
연소	강화	[화학]오존
열	방어	[물리]거품 사용; 관성; 동결 건조(evaporation cooling); 수산화물 이용; 초전도; 탈수
열	운반	[물리]열관; 복사; 열전도도; 대류
열	재생	[물리]열관
열	축적	[물리]복사; 상전이; [화학]수소; 운반 반응
열	생성	[물리]마찰; 열관; 역학적 진동; 적외선; 전자기 유도; 표면 효과; 유전체; 강자성; 전기 방전; 물질에 의한 복사선 흡수; 전기 가열; 열전기; 뒤포 효과; [화학]기체 수화물과 수소의 연소; 수소화물; 발열 반응; 강한 산화제; 오존의 분해; 자체 전달 고온 합성(SHS)
열에너지	흡수	[물리]끓임; 모세관 압력; 모세관 증발; 수산화물 응용; 열역학 효과; 이온화; 증발; 초열전도; 초유동; 초음파 모세관 효과; 초음파 진동; 코로나 방전; 탈수; 형상기억합금
열에너지 (→역학적 에너지)	변환	[물리]기억 형상 효과; 열팽창; 상전이; 열관; 퀴리점을 지난 전이
열에너지	저장	[물리]홉킨슨 효과
열의 흐름	조절	[물리]열관
열	스위치	[물리]열관
온도	낮추기	[물리]랑크(Ranque) 효과; 상 전이; 열전 현상; 자기(Magnetic) 칼로리 효과; 줄-톰슨 효과
온도	높이기	[물리]맴돌이(Eddy) 전류; 물질에 의한 복사선 흡수; 열전 현상; 유전 가열; 전기 가열; 전기 방전; 전자기 유도; 표면(Sufrace) 효과
온도	안정화	[물리]상전이; 퀴리점; 외형; 전자기 유도; 강자성 분말
온도	측정	[물리]물질의 광학적/전기적/자기적 특성 변화; 바크하우젠 효과; 복사 스펙트럼; 열전 현상; 열팽창; 제벡 효과; 퀴리점 이상에서 전이; 홉킨스 효과
움직이는 물체	다루기	[물리](물리적 접촉없이)전기장/자기장 걸기

음향 속성	변형	[물리]공명; 음향 진동; 음향 캐비테이션; 전기장에 의한 초음파 속성의 변화; 초음파 진동
음향장	흡수	[물리]거품 사용; 또아리(torus); 무른 소재 사용; 반대공명(antiresonance); 볼 구조; 음향 진동; 쥴-톰슨 효과
이온	생성	[물리]고주파 방전; 광이온화; 광화학 반응; 레이저 증발; 전자 충돌 이온화; 코로나 방전; 쿨롱 법칙; 포물선(parabola)
자기장	생성	[물리]바넷(Bamett) 효과; 바크하우젠 효과; 역 패러데이 효과; 에팅하우젠 효과; 자기유체역학 효과; 자기장에서의 결정 성장
자성	변화	[물리]가리기; 퀴리점; [화학]수화작용; 송이(클러스터) ; 자체전달 고온합성(SHS)
전기 에너지→ 역학적 에너지	변환	[물리]압전 효과
전기성?	변화	[화학]수화작용; 산화물의 환원; 염의 용해; 자체전달 고온합성(SHS); 화학적 평형의 바이아스; 산화에 의한 일렉트리제이션; 전기크롬; 착이온; 친수층
전기장; 자기장	검출	[물리]광전기 현상; 대전; 삼투현상; 압전과 세크네토 전기(Piezo and segneto-electrical) 효과; 일렉트렛(Electrets); 자이로 및 광자기 현상; 전기 방전; 전자 방출; 핵자기공명; 홀 효과; 홉킨스 및 바크하우젠 효과
전기 에너지	운반	[물리]전자기 유도; 전도도; 초전도성
전자기 복사	생성	[물리]발광; 복사(radiation) 유도; 조셉슨(Josephson) 효과; 터널 효과; 체렌코프(Cherenkov) 효과; 한(Hann) 효과
전자기 에너지	발생	[물리]전기 방전; 조셉슨 효과; 유도 복사; 터널 효과; 냉광; 건 효과; 체렌코프-바비로프 효과
전자기장	제어	[물리]물체 형태 바꾸기; 스크린 사용; 특성 바꾸기(예; 전기 전도성 변화)
전자기장	조절	[물리]가리기; 매질의 전기 전도도 변화; 전자기장을 조건으로 하여 물체의 형상 변화
정전기	제거	[물리]코로나 방전; [화학]직물에 금속입힘; 오존; 친수성 코팅
질량	변화	[화학]운반 반응; 열화학적 방법; 화학적 속박 상태로 전이; 수화물 상태로 전이; 수소화물 상태로 전이; 발열반응

체적	변화	[물리]상전이; 자장과 전장하에서밀도와 유체점성의 변화; 열복사; 전장에 의한 이온화; 자외선; 퍼짐; 바우싱거 효과; 열전현상; 열자기 현상; 광자기 현상; 공동현상; 광변색 현상; 고유 광효과; [화학]운반 반응; 압축된 기체의 용해;? 수화물 상태로 전이;? 수산화물 상태로 전이; 열화학 반응; 화학적 속박 상태로 전이; 발열반응; 용해?
크기	측정	[물리]고유 진동수 측정; 전기 또는 자기 표식을 적용하고 검출
크기	변화	[물리]열팽창; 합금과 고분자에서 형상기억 효과; 변형; 자기변형; 전기변형; 압전효과
표면 특성	변화	[물리]기계 진동/음향 진동; 마찰; 바우싱거(Bauschinger)효과; 방전; 역학적 진동과 음향 진동; 자외선 복사; 전기 방전; 퍼짐, 흡수(absorption); 흡착
표면 특성 및 상태	검출	[물리]모아레 효과; 복사; 빛 반사; 전기 방전; 전자 방출
하나의 물질에 다른 물질을	적용	[화학]운반 반응; 수산화 상태; 수소화물을 가진; 산화반응; 광변색현상; 감선발색; 분자 자기조립; 액체막; 박막 플라즈마 도포; 친수성-소수성
형상	변화	[물리]합금과 고분자에서 형상 기억 효과; [화학]운반 반응; 열화학적 과정;? 기체 수산화물; 수소화물;? 용융-응고
혼합 액체	분리	[물리]깔때기 효과; 금속의 역변환(reverse transfer of metals); 수화; 아르키메데스 원리; 탈수
혼합물	만들기	[물리]가용화(Solubilization); 공동현상(Cavitation); 자성물질과 조합하여 자기장 걸기; 전기영동; 전기장 걸기; 초음파; 확산
혼합물	분리하기	[물리]삼투 현상; 수착(Sorption); 원심력; 전기 및 자기를 이용한 분리; 전기장 또는 자기장 걸기(액체의 의사 점도(pseudoviscosity)를 바꾸기 위한); 확산
화학 반응	개시; 강화	[물리]공동 현상; 자외선, X선, 방사선 복사; 전기 방전; 초음파; 충격파
힘	생성; 제어	[물리]광 유압 효과; 높은 압력 만들기; 삼투 현상; 상전이; 열팽창; 원심력; 자기장 안에서 전도체 또는 자성 액체의 의사 점도에 영향을 주어 유체의 정력학적 힘 바꾸기; 자성체에 자기장 걸기; 전기 유압 효과; 폭약 사용

3.3 기능지향검색(FOS; Function-Oriented Search)

알트슐러는 발명의 수준을 1~5수준으로 구분하였다. 일반적으로 발명의 수준이 높을수록 그 기술적 가치가 높은 것이 일반적이다. 물론 경제적 가치는 다를 수 있다. 발명가들은 이에 따라서 높은 수준 즉, 4-5 수준의 발명을 추구하고자 한다. 그러나 트리즈는 기존 제품이나 프로세스에 있어서 가능한 최소한의 변경을 통해 문제를 용이하게 해결하고자 하는 최소 문제 접근방식을 고려한다. 이는 트리즈 내적인 모순적 상황이다. FOS 접근법은 트리즈 문제해결 방법론의 일환으로 기존의 제품이나 프로세스에 있어서 초기 문제를 용이하고 모순을 효과적으로 해결하기 위한 해결책을 제공하고자 개발되었다.

트리즈에서 기존 기술을 개선하거나 개량을 통해 문제 해결을 할 때 기존의 특허기술들을 극복해야 할 필요가 있다. 연구개발을 하는 연구자들은 연구개발을 시작하기 전에 자신이 연구하는 것에 대한 선행기술 조사를 통해 향후 발생 가능한 특허권 침해에 대응할 필요가 있다. 이것은 연구자로서 해야 할 최소한의 선행 조치이다. 하지만 많은 연구자들은 선행기술 조사를 무시하거나 간과하는 경우가 많다. 새로운 제품을 개발하거나 기존의 시스템을 개량이나 개선할 경우 새로운 아이디어를 도입하게 되는데 이때 문제가 되는 것이 기존 특허에 의한 장벽이다. 이 선행 특허장벽에 대하여 대응하거나 회피할 방법을 찾지 못하면 아무리 좋은 아이디어라고 해도 기존 특허권자에게 사용 허락을 득해야 하거나 개발을 포기해야 한다. 따라서 트리즈로 기술적 문제 해결을 수행할 때에도 향후 특허분쟁의 문제에 적절히 대응하기 위하여 특허전문가와 함께 철저하게 선행기술 조사를 하는 것이 바람직하다.

<선행 특허기술 대응 및 회피 설계 과정>

과정	내용
침해성 검토	나의 아이디어와 유사하거나 동일한 선행 유효 특허가 존재하는지를 확인함 해당 특허의 청구범위를 중심으로 권리 범위를 분석하여 나의 실시기술과 비교하여 침해 여부 및 침해 내용을 면밀하게 확인함 침해성이 있을 경우 선행 특허가 정당한 권리인지를 확인하고 대응안을 검토함
무효성 검토	선행특허를 무효화할 수 있는 국내외 선행기술 등을 조사함 유효 선행특허나 기술 또는 기술적용 제품 등을 확인했을 경우 이를 근거로 무효심판을 청구하는 전략을 검토함 무효의 항변, 공지기술 항변, 부제소특약 등을 활용한 소송대응 전략을 검토함
회피 설계 검토	청구항의 구성요소를 분석하여 회피 가능 여부를 확인함 구성요소 중 일부를 생략하거나 대체 가능한지 확인함 회피 설계 안 구성 및 평가를 통해 최적의 안을 선정함 선정된 최적안을 기반으로 기술을 적용한 새로운 설계의 특허출원을 추진함
대응 전략 검토	나의 것이 상대 특허기술을 침해하지 않았음을 주장함 상대의 권리가 무효임을 주장하는 무효심판을 청구함 상대의 소송에 적극 대응하도록 함 기존 선행특허기술을 회피하여 설계하고 이를 특허출원함 회피가 어려울 경우 기술료 등 협상에 의거 실시권을 받도록 함 나의 권리가 있을 경우 상대와 교차 실시권 계약을 체결하도록 함

구성요소의 생략이나 대체를 통해 특허를 회피하여 재설계하는 것은 구조, 기능, 재료, 수단 및 방법 등 다양한 조합에 의하여 창출하게 되어 발명자나 연구자로서 매우 큰 어려움을 갖게 되는 것이 현실이다. 결국 창의적인 발명자나 연구자일지라도 최적 조합에 맞는 구체적인 방안을 찾기 위하여 상당한 시행착오를 통해 노력과 자원을 투입해야 하고 그 결과도 불투명한 비효율적인 개발과정인 문제점이 있다. 이러한 문제점에 대하여 특허정보를 이용한 선행기술 조사를 활용하는 많은 방법이 개발되고 적용되어 왔으나 명확히 극복하기 어려웠다. 가능지향검색는 이러한 문제점을 직시하고 해결하고자 주어진 문제 해결에 요구되는 기능을 정의하고 정의된 기능을 핵심어로 하여 그 기능을 수행할 수 있는 다양한 해결 방안을 검색하고 찾아 이를 문제 해결에 적용하여 해결책을 창출하도록 하는 기능지향의 검색 방법이다.

문제해결에 있어서 시스템의 기능분석은 중요하며 핵심적이다. 기능지향검색은 어떤 문제를 해결하고자 하는 경우 기능 기준(function criteria)을 사용하여 국내외 과학 및 공학의 주요 영역에서 존재하는 기존 기술을 식별하는 데 도움이 되는 문제 해결 도구이다. 기능지향검색을 성공적으로 적용하려면 시스템에서 개선해야 할 기능을 제대로 식별해야 하며 해결 대상 문제에 직면한 관련 산업이나 지식 영역에서 수행된다. 기능지향검색은 각각 고유한 적응 문제가 있는 다양한 잠재적 해결책을 생성하고 기술의 잠재적 효율성 및 그 구현에 있어서 활용 가능한 자원의 난이도 차원에 따라 해결책을 계층화하여 의사 결정을 용이하게 하며 이후 적응 문제 해결을 중심으로 구축된 원리 증명 활동에 중점을 두는 방식이다.

트리즈의 문제해결을 위한 시스템의 구성요소에 대한 기능 분석에 있어서 기술과 기능 정보를 주어-동사-목적어(SAO; Subject-Action-Object)의 구조로 표현하며 이를 자연어처리분석 등을 활용해 인터넷 정보 및 특허정보 등 다양한 정보원으로부터 추출한 데이터베이스를 갖춘 소프트웨어(미국 Invention Machine 사의 IHS Goldfire S/W 등)가 있다. 이러한 S/W를 활용하면 더욱 용이하게 필요한 정보를 추출할 수 있다. 기능지향검색은 특허정보 기반의 기능지향검색 방법으로 2004년 트리즈 전문가인 사이먼 리트빈(Simon Litvin)은 기능지향검색 기법을 소개하고 그 해결책의 입증 사례에 대하여 발표를 하였다. 그리고 미국 GEN3 Partners, Ideation International Corporation, Invention Machine, 인도 ITAG Business Solutions Ltd., 벨기에 Creax 등 국제적으로 대표적인 혁신기업이자 트리즈 전문 컨설팅사들이 자체 개발 소프트웨어와 함께 기능지향검색을 도입하여 활용하고 적용된 많은 사례를 통해 그 효과를 입증하였다.

FOS는 강력한 TRIZ 기반 문제 해결 도구 중 하나로 혁신이 필요한 초기 영역의 문제에 대한 해결책으로서 과학 및 엔지니어링 영역에서 이미 존재하는 기술을 가져오는 것이다. 기능지형검색의 구체적인 도구는 기능 일반화, 기능 선도 영역 식별 및 글로벌 지식 DB이다.

기능지향검색은 모순 해결을 포함하여 기존의 독창적인 문제 해결과 비교할 때 두 가지 주요 이점이 있다. 첫째, 기능지향검색 접근에 의한 해결책은 정의상 기존 기술이다. 따라서 해당 기술이 작동하는지 증명할 필요가 없으며 기능을 선도하는 영역에서 이미 작동하는 것이다. 둘째, 기능지향검색은 과학 및 공학의 아주 먼 분야에서 해결책을 가져와서 실용적인 개방형 혁신의 아이디어를 촉진하는 전

세계 지식 데이터베이스를 활용하여 전 세계의 문제를 해결하도록 돕는다. 다만 이 두 가지 장점은 상충점이 있는데 초기 기능지향검색 해결책 영역에서 파생된 기능지향검색 해결책 영역이 멀수록 일반화 함수가 수행하는 조건이 달라진다. 즉, 기능지향검색 유도 해결책(FDS; Fos Derived Solution)를 쉽게 적용할 수 없음을 의미한다. 이 모순을 해결하기 위해서는 FDS에 대한 구체적인 입증 도구가 필요하다. 당연히 입증은 모든 사람에게 FDS가 성공적으로 실행될 수 있다고 믿을 수 있는 이유를 제공해야 한다. 트리즈 적용 결과의 구현 가능성 수준이 충분하지 않다고 보는 이유로 산업계에서 트리즈를 적용하고 사용하는 비율이 낮다. 이를 개선하는데 FOS는 기능지향검색을 통해 도출한 아이디어와 실제 구현 사이를 연결하는 다리의 역할을 통해 확실한 도움을 줄 수 있다.

사이먼 리트빈은 기능지향검색을 통해 문제의 해결책을 연결하기 위하여 다음과 같은 알고리즘을 제시하고 이를 항알레르기 비강 필터(ANF, Anti-allergenic Nasal Filter)라는 신제품 개발 사례를 통해 입증하였다. 기능지향검색을 통해 해결할 초기 엔지니어링 시스템의 목표로서 개선할 혁신의 궁극적인 대상의 주요 가치 매개변수(MPV, Main Parameter of Value)를 식별한다.

① MPV를 해결하기 위해 개선할 대상 물리적 매개변수를 식별한다.
② MPV를 개선하기 위해 해결해야 할 핵심 문제를 식별한다.
③ 핵심 문제를 해결하기 위해 수행할 특정 기능을 명확히 한다.
④ 기능 수행에 필요한 매개변수 및 조건을 공식화한다.
⑤ 기능의 객체와 동작으로 기능을 일반화한다.
⑥ 기능 선도 기술분야(FLA; Function-Leading Areas)를 식별한다.
⑦ FLA 내에서 동일하거나 유사한 기능을 수행하는 가장 효과적인 기술을 식별한다. 동일하거나 유사한 기능을 갖지만 훨씬 더 나은 성능을 가진 솔루션/기술을 찾는다.
⑧ 초기 혁신 영역의 요구 사항 및 제약(주로 MPVs)을 기반으로 원하는 기능을 수행하는 데 가장 적합한 기술을 선택한다.
⑨ 선택한 기술에서 기능을 수행하는 조건과 초기 혁신 상황 사이의 유사성 요인(SF, Similarity Function)의 초기 수준을 식별한다.
⑩ 선택한 기술의 효과적인 구현을 보장하기 위해 SF를 높이는 데 필요한 적응 문제를 식별하고 해결한다.

리트빈은 상기 알고리즘에서 다음 사항을 유념해야 한다고 하였다.

첫째, 유사성 요인의 초기 수준 식별에 대한 것으로, FOS를 통한 해결책은 엔지니어링 시스템의 목표 MPV를 해결하며 이는 FOS의 주요 아이디어로 동일하거나 유사한 기능을 갖지만 훨씬 더 나은 성능을 가진 솔루션/기술을 찾는 것이다. FOS를 통한 해결책이 수행하는 조건이 동일하거나 유사하거나 훨씬 더 심각한 경우 해결책이 초기 개체/문제에 대해 작동할 것이라고 믿을 수 있는 몇 가지 실용적이고 뒷받침되는 이유를 제공하며 이러한 유사한 조건을 식별하는 것이 FOS 해결책 입증의 첫 번째 단계이다.

둘째, 상당히 다른 기능 수행 조건 및 해당 적응 문제 식별에 대한 것으로, 기능이 수행하는 각각의 다른 조건은 해결해야 하는 가능한 2차 적응 문제를 나타낸다. 2차 문제를 식별하고 사전에 해결하는 것은 모든 입증의 필수 부분이며 적응 문제를 해결하는 것은 FOS를 통한 해결책이 초기 개체/문제에 적용 가능하다고 믿을 수 있는 또 다른 실용적이고 뒷받침되는 이유이다.

셋째, 해결해야 할 다른 MPVs 및 해당 적응 문제 식별에 대한 것으로, 제안된 해결책을 구현함으로써 영향을 받을 수 있는 초기 개체의 일부 다른 MPVs가 있을 수도 있으며 해결책을 적용하는 동안 이러한 MPVs가 악화되지 않도록 주의해야 한다. 이것은 다른 일련의 가능한 2차 적응 문제를 발생시킬 수 있다. 이러한 문제를 해결하는 것은 FOS 해결책이 초기 대상/문제에 적용 가능함을 증명할 수 있는 또 다른 입증 요소이다.

FOS를 통한 해결책의 입증은 기술적 입증 외에도 사업 입증, 지식재산권 입증, 디자인 입증, 안전성 입증 등 아이디어 입증의 다른 측면이 있고 각 측면은 입증에 시간을 필요로 한다.

<FOS 해결책의 다양한 입증 내용 예>

- 사업 입증(Business substantiation) : 사업 영향 정당화, 예비 사업 사례, 위험 요인 평가, 시장 수용성 평가 등
- 지식재산권 입증(Intellectual Property substantiation) : 아이디어의 기술적 참신성에 대한 예비 평가, 권장되는 IP 보호 전략 등
- 디자인 입증(Design substantiation) : 예비 디자인, 산업 디자인 등

- 안전성 입증(Safety substantiation) : FDA, 안전규정 등 시간이 많이 소요되는 과정으로 시간 자원이 제한된 짧은 프로젝트의 경우 아이디어를 효과적으로 입증할 시간이 충분하지 않다.

FOS는 상당히 짧은 시간에 유망한 기술이나 해결책을 찾는 데 도움이 될 수 있지만 여전히 실용적이지 않은 문제가 있으나 계속 진화하고 있다. 미국, 일본 및 한국 등 국내외에서 트리즈 및 FOS를 활용한 특허 분석이나 기능분석, 문제분석 및 회피 설계 등에 대한 요구에 맞춰 정보 검색 및 분석을 자동화하는 방법에 관한 특허가 출원되고 있다.

FOS는 트리즈를 통해 문제를 해결할 때 부닥치는 회피 설계 방법에 있어서 성공률 제고, 과제 수행 기간 단축 등 그 효과가 입증된 체계적이고 혁신적인 방법론으로 그 효과는 PCA(Problem Chain Analysis, 문제 흐름 분석) 기법 등 원인분석 및 모순 도출을 위한 기법들과 함께 활용할 경우 커질 수 있다. 이러한 사례로 국내 트리즈 진문가인 이시창, 김효준 등은 중소기업기술정보진흥원의 서비스 연구개발사업 연구과제 수행을 통한 창의적인 특허회피 설계 프로세스를 개발 및 컴퓨터 등을 이용한 솔루션 제공방법(특허출원 제2014-0080970호)과 같은 특허출원을 하고 이를 통해 시범 사업으로 멀티탭 자동분리장치에 대한 개발 프로젝트를 추진하여 산출한 콘센트 장치(특허출원 제2014-0080969호)와 같은 사례를 관련 소프트웨어와 함께 제시하였다.

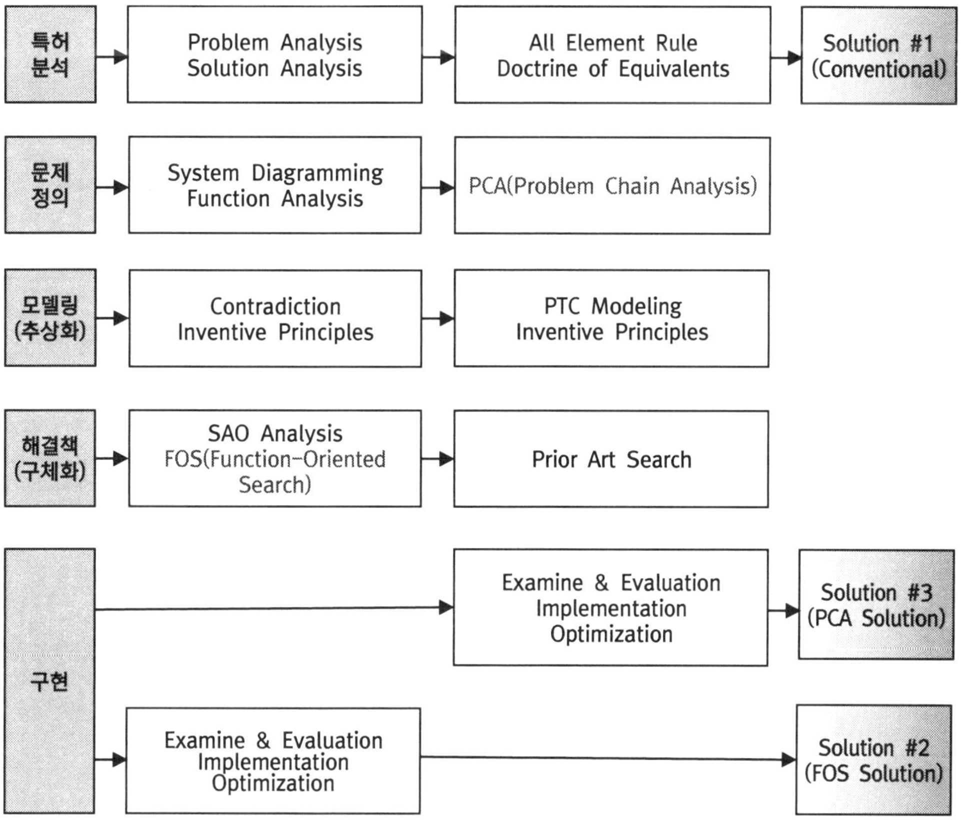

<그림 3.10> FOS 및 PCA 통합 프로세스 구성과 단계별 내용>

<특허 회피 설계를 위한 FOS Process>

통합 프로세스 단계		내용
Element Module	가) 특허 분석	회피 설계 대상 특허 선정 > 대상 특허의 해결 과제 추출 > 대상 특허의 해결원리 추출 > 종래기술의 핵심 구성요소 추출 > 대상 특허의 핵심 구성요소 추출
	나) 도식화 분석	시스템 도식화 > 작용시간(OT), 작용공간(OZ) 분석 > 물질-장 자원 분석
	다) 기능 분석	종래기술의 기능 분석 > 대상 특허의 기능 분석
	라) 회피 설계	불필요한 구성요소 도출 > 통합 가능한 구성요소 도출 > 대체 가능한 구성요소 도출
	마) Idea 확장, 권리범위 설계	회피 설계 결과의 기능 분석 > Idea 확장(용도) > Idea 확장(구성요소) > 특허청구범위 설계
Concept Module	가) 특허 분석	회피 설계 대상 특허 선정 > 대상 특허의 해결 과제 추출 > 대상 특허의 해결 원리 추출
	나) 개념 분석	해결 원리의 핵심 개념 도출 > TRIZ발명원리 선정 > TRIZ발명원리 사례 검토
	다) 회피 설계	유사 아이디어 도출 > 지식 DB 활용
	라) 구체화 FOS	**예비 쿼리 추출 > 예비 검색 > 핵심 기술 분야 도출 > 최종 쿼리 도출 > 본 검색 > 후보 아이디어 도출 > 아이디어 선정 > 2차 문제 해결**
	마) 권리범위 설계	개량 발명 도출 > 아이디어 확장 > 특허청구범위 설계
PCA Module	가) 특허 분석	회피설계 대상 특허 선정 > 대상 특허의 해결과제 추출 > 대상 특허의 해결 원리 추출
	나) 문제 흐름 분석	**근본원인 분석(RCA; Roots Cause Analysis) > 문제흐름 분석(PCA; Problem Chain Analysis) > 모순 분석(PTC Modeling)**
	다) 회피 설계	문제 해결방향 도출 > 지식 DB 활용
	라) 구체화 FOS	**예비 쿼리 추출 > 예비 검색 > 핵심 기술 분야 도출 > 최종 쿼리 도출 > 본 검색 > 후보 아이디어 도출 > 아이디어 선정 > 2차 문제 해결**
	마) 권리범위 설계	개량 발명 도출 > 아이디어 확장 > 특허청구범위 설계

상기 표에서의 구체화 FOS 프로세스를 특허 회피 설계를 목적으로 상세하게 설명하면 다음과 같다.

<특허회피를 위한 FOS Process와 내용>

FOS Process	내용
해결 과제 및 해결 원리 추출	회피 대상 특허의 명세서에서 해결 과제 및 해결 원리 추출
발명 원리 도출	해결 원리를 일반화하여 발명원리 도출
예비 쿼리 작성	도출된 발명원리에 해당하는 기술 검색을 위한 쿼리를 작성. 이때 발명의 구성에 관한 핵심어에 국한하지 말고 발명원리, PCA, PTC 모델링, 지식 DB 등에서 선정된 핵심어를 활용하여 검색 범위를 확장함이 필요. 다양한 유사 핵심어 군 확보
예비 검색	예비 쿼리를 이용해 웹이나 특허 DB를 검색하여 해결책을 벤치마킹할 수 있는 후보 기술군 파악
핵심 기술분야 도출	선정된 발명원리나 해결 방향에 대하여 선행연구가 진행되고 있는 선도 기술분야 또는 해결과제를 도출하여 적용하기에 가장 적합한 기술분야를 선정
최종 쿼리 작성	도출된 핵심 기술분야에 대하여 특허분류코드 등을 한정하고, 해당 기술 분야에서 사용되는 핵심어를 보강하여 최종 쿼리를 작성. 이때 적절한 검색 필드의 선정과 검색 연산자 활용을 통해 노이즈를 제거하고 검색 결과의 정확도를 높이도록 함
본 검색	최종 쿼리를 이용하여 특허 DB 검색, 후보 아이디어 도출
IDEA 선정	후보 아이디어 중 특허 회피설계 성공 가능성이 가장 높은 아이디어 선정, 구체적인 적용에 필요한 요소 확정
IDEA 확장	예상되는 2차적인 문제를 해결할 수 있는 개량발명 및 선정 아이디어의 적용이 가능한 다른 기술분야 도출
특허 청구범위 설계	선정된 아이디어와 개량발명 및 용도 발명을 포함하여 포괄적으로 보호받을 수 있는 권리범위 설계

※ 지온컨설팅(주)의 FOS 적용 사례

- 목표 : 치아를 건강하고 하얗게 보이도록 하는 치아 미백 필름
- 문제 배경 : 기존 미백 치료장치는 폴리머 트레이에 미백액을 채운 후 일 7시간, 일주일에 3회 이상 사용 필요. 폴리머 트레이의 장시간 착용으로 인한 불편 발생

- 핵심 문제 : 트레이를 장시간 착용함 없이 치아미백제를 장시간 치아에 도포하는 방법
- 해결 방향 : 치아미백제를 장시간 서서히 치아에 주입하는 방법
- 해결 방향의 일반화 : 인체에 장시간 서서히 약물을 주입하는 방법
- 검색 쿼리 : (dental | teeth | tooth | transdermal | skin) and (((rate | release) n/2 control*) | prolong) and (deliver* | administ* | medicat* | inject | apply | applicat* | spread | coat)))
- 기술 분야 : 의약학, 위생학
- 후보 기술 도출 : US4908213 (Schering Corporation) Transdermal delivery of nicotine
- 구체화 및 적용 :

※ GEN3 Partners FOS 사례

아기가 배뇨할 경우 액체의 신속한 흡수를 위하여 아기 기저귀(diapers)를 만들 때 사용되는 플라스틱 시트에 많은 구멍이 필요하다. 기존의 기술은 플라스틱 시트에 많은 구멍을 뚫으면 구멍 간의 폭이 좁아 시트의 강도를 감소시켜 깨지는 문제로 효과적이지 않다. 레이저 기반 기술은 강도 저하 없이 더 많은 구멍을 뚫을 수 있으나 가격이 매우 비싼 문제가 있다.

항공우주 산업에서 박막 철판(thin metallic sheet)에 작은 구멍을 만들기 위하여 분말 총(powder gun) 기술이 사용된다. 이 기술이 아기 기저귀의 플라스틱 시트에 구멍을 내는데 적용할 수 있었다.

Chapter. 4

물질장과 표준해

4.1 물질-장(Substance-Field)

4.1.1 물질-장의 개념

물질-장이란 시스템과 관련된 문제를 모델링하기 위한 트리즈 분석 도구의 하나이다. 모든 시스템은 특정한 기능을 수행하기 위해서 만들어 진다. 시스템에 의해 수행되는 기능은 최소한 세 개의 구성요소를 포함한다. 즉, 두 개의 물질(Substance)과 하나의 장(Field)으로 구성된다. 이 세 가지 구성요소로 이루어진 시스템은 다음과 같이 삼각형으로 나타낼 수 있다.

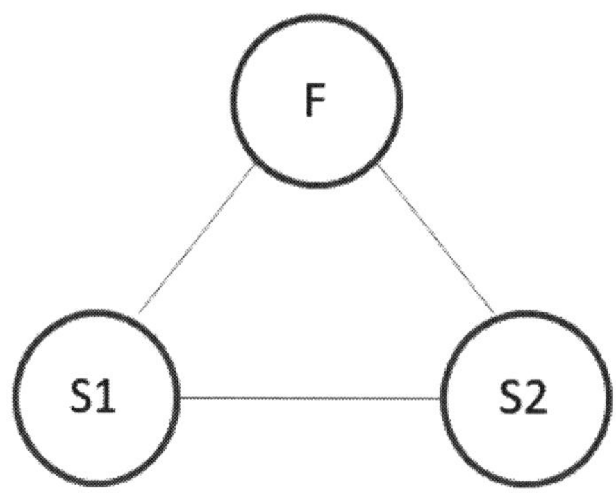

<그림 4.1> 물질-장의 기본 모델

두 개의 물질과 하나의 장은 수-필드(Su-Field)라고 부르는 최소한의 시스템을 형성하기 위한 필요충분조건이다. 이와 같이 물질과 장을 이용하여 시스템을 분석하는 기법을 트리즈에서는 수-필드 분석 또는 물질-장 모델이라고 한다. 이하 물질-장 모델로 기술하기로 한다.

물질-장 모델은 알트슐러와 그의 동료들에 의해서 1974년에서 1977년 사이에 만들어 졌다. 알트슐러는 1971년 40가지 발명원리와 모순매트릭스를 완성하고 트리즈 세미나를 열면서 발명가들이 수업에 참여하였다. 이 발명가들은 물리, 화학, 기하학 등 과학자들이 학생으로 참가하면서 기존의 특허에 의한 발명원리에 추가하여 과학적인 원리를 확대하면서 물질-장 모델을 완성하였다. 이 물질-장 모델은 후에 76표준해로 발전하게 된다.

물질-장 모델은 시스템의 최소 단위이며, 문제의 최소 단위이기도 하다. 그래서 창의적 문제해결을 위한 시스템을 분석할 때 문제의 최소 단위인 물질-장 모델부터 분석하게 된다.

트리즈에서 물질은 광범위한 의미로 사용된다. 간단한 것에서부터 아주 복잡한 시스템까지 모두 물질에 속한다. 예를 들어 못, 볼펜, 선풍기, 자동차, 쇄빙선, 신발, 의자 등이 물질에 속한다. 그리고 여러 가지 물질이 모여서 하나의 물체를 이루고 있으며 물체의 작용 방향에 따라 도구(Tool)와 대상(Object)로 표현한다. 도구는 작용의 주체가 되는 물질이다. 물질은 소재, 부품, 반제품, 제품을 모두 포함하는 개념이다. 일반적으로는 제품을 중심으로 도구를 표현하면 되겠다. 그 분야의 전문가로 활동하게 되면 반제품, 부품, 소재 등으로 확장하여 도구로 사용하면 된다. 그리고 최근에는 서비스를 도구로 표현하기도 한다. 플랫폼, 프로그램, 앱 등의 서비스와 할인, 구독, 상세페이지 등 구체적인 서비스도 도구에 포함할 수 있다. 대상은 도구와 상호관계를 이루어 쌍으로 존재한다. 도구는 작용의 객체가 되는 물질이다. 대상의 물질은 도구의 물질과 형태는 같다. 도구의 물질과 차이점은 도구의 대상으로서의 용도가 포함된다. 일반적인 용어로 용도라고 하며, 기술분야에서는 기능으로 알려져 있다. 조직분야에서는 역할이라고 알려져 있다. 트리즈에서는 기능을 표준용어로 사용하지만, 용도와 역할로 같이 이해하면 되겠다. 여기서 역할로 이해하면 물질-장 모델이 사람과의 관계로까지 확장할 수 있다.

그러면 장(Field)에 대해서 알아보자. 장(場)이란 한자어를 한글로 변환하면 마당이 된다. 영어에서는 Field로 표현한다. 보통 '~한 공간'이라고 설명한다. 전기장의 경우에는 '전하를 가져가면 전기력을 미칠 수 있는 공간'이라고 설명할 수 있다.

물질세계의 현상을 이해하고 그 안에 있는 법칙을 찾는 것이 물리학의 영역이다. 물리학분야의 많은 학자들이 연구한 결과에 의하면 물질과 물질 사이에는 중력장, 전자기장, 약핵장, 강핵장 4개의 장이 존재한다고 말한다.

- 중력장 : 만유인력에 회전력(원심력)이 더해진 힘. 중력이 작용하고 있는 지구 주위의 공간. 일반적으로 지구에 한하지 않고 만유인력이 작용하는 힘의 마당을 이른다.
- 전자기장 : 전기력과 자기력을 더한 힘. 시간의 흐름에 따라 변화하는 전기장과 자기장은 함께 존재하기 때문에 이와 같이 이른다.
- 약핵장 : 소립자를 붕괴시키는 함. 불안정한 원자핵이 전자나 양전자 같은 작은 입자를 방출하며 다른 원자핵으로 변하는 과정에서 나타나는 힘
- 강핵장 : 소립자를 붙여놓는 힘. 원자핵 1fm = 1m 속의 짧은 거리에서만 작용하고 양성자들의 전기적 반발력을 이겨내어 핵자들을 원자핵 속에 묶어 놓는 힘

물리학에서의 4개의 장은 자연현상을 설명할 때 사용하는 법칙이라고 할 수 있다. 그러나 공학자의 입장에서 보면 자연의 현상이 중요한 것이 아니라 실제 상황에서 나타나는 현상을 이해하는 것이 중요하고, 생활 속에서 필요한 물체를 개발할 때 방법을 찾는 것이 중요하다. 따라서 자연물의 현상을 설명할 때는 물리학의 4개의 장으로 설명하고. 인공물의 현상을 설명할 때는 물리학의 4개의 장에 더하여 6개의 장으로 설명할 수 있다. 이러한 인공물에 적용되는 6개의 장을 트리즈에서 정리하여 신제품개발이나 제품설계에 적용하고 있다.

- 기계장(Mechanical Field) : 기계적인 상호작용을 의미한다.
- 소리장(Acoustic Field) : 소리와 관계되는 상호작용을 의미한다.
- 열장(Thermal Field) : 열 전달과 관련된 상호작용을 의미한다.
- 화학장(Chemical Field) : 화학반응과 관련된 상호작용을 의미한다.
- 전기장(Electric Field) : 전기의 사용과 관련되어 보이는 상호작용을 의미한다.
- 자기장/전자기장(Magnetic Field) : 자기와 관련된 상호작용을 의미한다.

<표 4.1> 기계장의 세부내용

장	종 류	물 성
기계장 (Mechanical Field)	- 압력 - 압력의 차이 - 압축력 - 장력 - 회전 우력 - 중력 - 부력 (아르키메데스의 원리) - 운동력, 속력, 추진력, 회전 우력, Potential Energy · 직선 운동 · 추진 운동 · 회전 운동 · 순환 운동 · 분출력 - 동적 마찰력 - 정적 마찰력 - 복원력 - 진동 · 운전 진동 · 공명 · 정상파 · 초저주파 · 음파 · 초음파 - 유동 · 정상 유동 · 베르누이 효과 · 불안정 유동 - 추진력 (알력) - 충격파 - 표면력 - 표면 장력 - 모세관 현상 - 삼투력 - 확산 - 흡수력 - 흡착력 - 반데르발스의 힘 - 힘의 차이	- 기하학적 특성 · 크기, 모양, 부피, 중심 · 궤도 - 밀도, 중량 - 자연 주파수 - 이동성 - 탄성 - 취성(Brittleness) - 마모 - 변형성, 가단성, 延性 - 구조 - 액체 특성 · 압축 불가능성 · 점성 - 기체 특성 · 압축가능

<표 4.2> 열장의 세부내용

장	종 류	물 성
열장 (Thermal Field)	- 온도 - 열 - 냉각 - 온도 차이	- 온도 - 열용량 - 특수 열, 온도에 따른 특수 열 - 열 팽창 (선형 및 부피 팽창) - 상변화점 · 융점 · 비등점 · 고체 변태점 퀴리 온도 · 3중점 · 임계점 - 변형열 · 융해열 · 기화열 - 열전도 - 열 저항

<표 4.3> 화학장의 세부내용

장	종 류	물 성
화학장 (Chemical Field)	- 화학 반응 · 합성 · 분해 · 대체 (단일 대체 및 이중 대체) - 화학 반응 조정 · 촉매 작용 · 억제 - 잠재 전극 · 활성 물질 · 불활성 물질 · 잠재 전극의 차이 - 반응을 일으키기 위해 필요한 에너지 - 반응으로 발생할 수 있는 에너지 - 냄새 - 맛	- 합성 - 구조 - 활동도(잠재 전극 및 전기화학 시리즈 중의 위치) - 산화수 - 수소 이온 농도 - 제조나 분해 가능성 - 대체 가능성 - 촉매나 억제제로서 화학 반응 조정 가능성 - 불활성 물질 - 반응을 일으키기 위해 필요한 에너지 - 반응으로 발생할 수 있는 에너지 - 냄새 - 맛

<표 4.4> 전기장의 세부내용

장	종 류	물 성
전기장 (Electric Field)	- 전하, 정전기 장, 특이한 전기 잠재력 · 배전, 전하 밀도, 표면 전하 밀도 · 방전 · 코로나 방전 - 전류 · 직류 · 교류 · 전류 밀도 - 전기 추진력 - 전해액을 통과하는 전류 · 전기 분해 · 전기 도금 · 전기 영동	- 저항력 - 반전도력 - 용량, 용량 리액턴스 - 유도, 유도 저항 - 공진 주파수 - 유전체 (유전체 상수 및 절연 파괴 장)

<표 4.5> 자기장의 세부내용

장	종 류	물 성
자기장 (Magnetic Field)	- 자기 장 - 자기 장의 차이	- 대자율 (강자성, 상자성, 혹은 반자성) - 자성체의 상대적 투자율 - 퀴리 온도

<표 4.6> 전자기장의 세부내용

장	종 류	물 성	
전자기장 (Electromagnetic Field)	- 전파 - 극초단파 - 적외선 - 가시광선 (무지개색) - 자외선 - 엑스선 - 감마선	- 파장 - 색상 - 광택 - 광도 - 투명성 - 방사율	- 반사 - 굴절 - 산란 - 편광 - 이미지 형성 (집중, 확대))

트리즈가 다른 창의적 문제해결 방법과의 가장 큰 차이점 중의 하나는 6개의 장을 활용한다는 것이다. 다른 창의적 문제해결 방법에는 없는 특이한 방법이다. 러시아 트리즈 마스터들의 얘기를 들어보면 6개의 장은 고등학교 교과목에 나오는 일반적인 내용으로 다 이해할 수 있는 내용들이다. 트리즈를 학습하면서 과학적 사고를 하게 되는 때가 장을 이해하고자 할 때라고 할 수 있다.

마스터들은 6개의 장을 매트켐(MATCEM)으로 암기한다. 즉, 기계장(Mechanical Field), 소리장(Acoustic Field), 열장(Thermal Field), 화학장(Chemical Field), 전기장(Electric Field), 자기장(Magnetic Field)의 6개를 MATCEM(매트켐)으로 축약해 암기하는데 암기도 쉽고 시간이 지나도 쉽게 잊어버리지 않게 될 것이다.

이제 6개의 장을 통해 문제를 해결한 사례를 알아보자. 트리즈에서 가장 많이 사용되는 사례는 파리를 잡는 법이다.

① **기계장(Mechanical Field)** : 파리를 기계적인 상호작용으로 잡는 법 → 파리채 등
② **소리장(Acoustic Field)** : 파리를 소리와 관계되는 상호작용으로 잡는 법 → 음파 등
③ **열장(Thermal Field)** : 파리를 열전달과 관련된 상호작용으로 잡는 법 → 불 등
④ **화학장(Chemical Field)** : 파리를 화학반응과 관련된 상호작용으로 잡는 법 → 끈끈이 등
⑤ **전기장(Electric Field)** : 파리를 전기의 사용과 관련되어 보이는 상호작용으로 잡는 법 → 전기스파크 등
⑥ **자기장(Magnetic Field)** : 파리를 자기와 관련된 상호작용으로 잡는 법 → 자외선 등

4.1.2 물질-장의 구조

이제 물질과 장에 대해 이해를 하였으니, 물질과 장의 관계를 분석해본다. 물질과 장을 분석하기 위해서 물질-장 모델을 만든다. 물질-장 모델은 물질과 장의 관계를 모델로 표현한 것이다. 물질-장 모델은 물질과 물질 사이에 장이 상호작용하는 것을 표현한 것으로 다음과 같이 이미지로 표현한다.

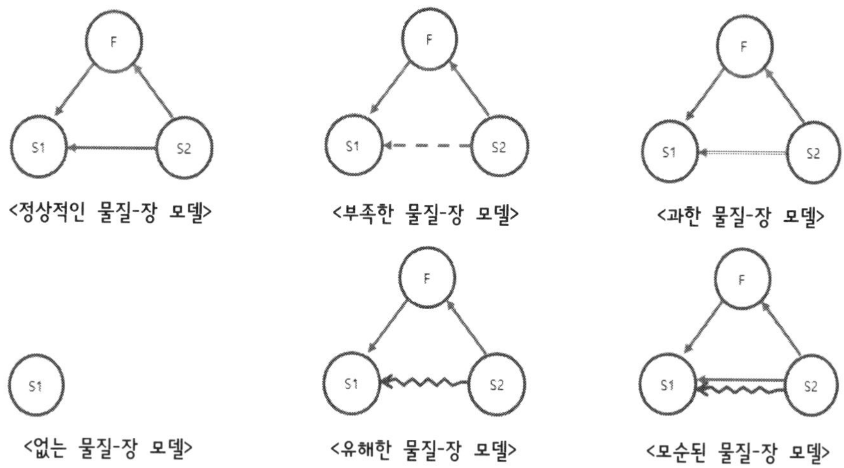

<그림 4.2> 물질-장 모델의 패턴

물질-장 모델은 일반적으로 다음과 같이 6가지의 패턴으로 분류할 수 있다.

① 정상적인 물질-장 모델 : 물질간의 상호관계가 정상적인 상태
② 부족한 물질-장 모델 : 물질간의 상호관계가 부족한 상태
③ 과한 물질-장 모델 : 물질간의 상호관계가 너무 과한 상태
④ 없는 물질-장 모델 : 물질간의 상호관계가 없는 상태
⑤ 유해한 물질-장 모델 : 물질간의 상호관계가 유해한 상태
⑥ 모순된 물질-장 모델 : 물질간의 상호관계가 유익한 것과 유해한 것이 동시에 있는 상태

물질간의 상호관계를 수식으로 표현한다면 문제의 원인을 빨리 파악할 수 있을 것이다. 만약에 화재가 발생했다면 화재의 원인을 찾아내는 것이 중요하다. 그러면 반대로 화재가 발생하려면 어떻게 하면 되는가를 살펴보면 된다. 화재가 발생하려면 연소할 물질, 산소, 열이 있어야 된다. 이것을 함수로 표현하면 다음 같다. 화재 = F(물질, 산소, 열). 그래서 세상의 문제가 발생하면 함수로 표현하여 해결하는 것이 과학적사고이다. 물질, 산소, 열의 관계는 어떤 관계인지를 좀 더 구체적으로 알면 화재를 해결하는데 큰 도움이 되기 때문에 물질간의 상호관계를 함수로 표현하고자 하는 시도가 과학을 발전시켰다고 할 수 있다.

정상적인 물질 간의 상태에서 장의 작용도 6가지 패턴으로 분류할 수 있다.

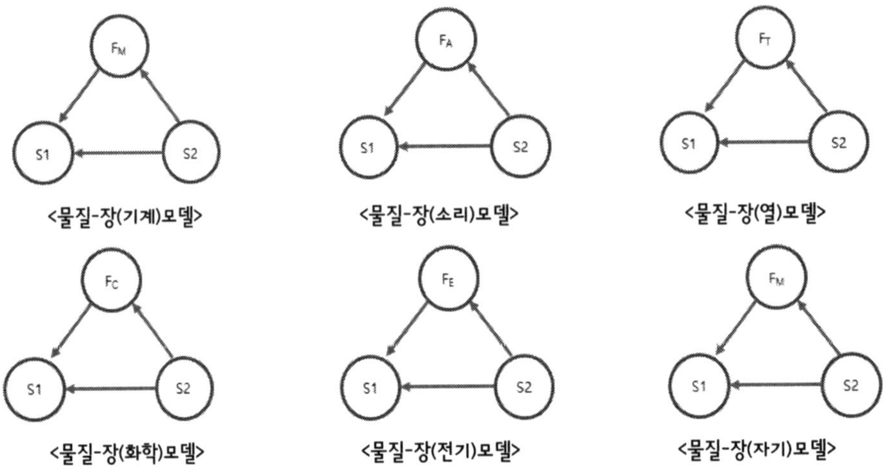

<그림 4.3> 장의 작용 패턴

물론 부족한 물질-장이나, 과한 물질-장이나, 없는 물질-장이나, 유해한 물질-장이나, 모순된 물질-장에서도 기계장, 소리장, 열장, 화학장, 전기장, 전자장을 적용할 수가 있다.

4.1.3 물질-장 사례

이제 물질-장 모델을 이해했으니, 실제 상황에서 물질-장 분석을 하기로 하자. 문제해결의 단계는 아리즈의 알고리듬을 활용하면 된다. 물질-장으로는 개념적으로 문제를 이해하고, 개념적으로 해결안을 찾으면 된다. 4차산업혁명시대에 개념설계의 중요성이 더욱 부각되고 있어서 물질-장 모델을 활용하는 것이 더욱 중요할 것이다. 코딩수업을 하면서 알고리듬의 중요성 또한 부각되고 있다. 물질-장 모델은 최소한의 시스템이므로, 물질-장 모델로 알고리듬을 공부하는데도 도움이 될 것이다.

이번에는 **물질-장 모델**을 활용하여 가장 단순한 방법인 문제단계와 해결단계로 구분하여 사례를 소개하고자 한다. 몇 가지 사례들을 활용하여 자신의 사례에 적용하는 노력을 하기를 기대한다.

1단계. 문제단계 : 문제단계는 문제상황을 물질-장 모델로 도식화하는 과정을 말한다. 이때는 두 개의 물질과 장을 삼각형 모델로 그리면 된다. 물질-장 모델의 여섯 가지 패턴 중에 하나일 것이다.

2단계. 해결단계 : 해결단계는 물질과 장을 변화하여 해결상황을 물질-장 모델로 도식화하는 과정을 말한다. 이때는 두 개의 물질과 장을 삼각형 모델을 변형한 모델로 표현하면 된다. 만약에 여섯 개의 장을 활용한다면 장의 작용 패턴을 포함할 것이다.

〔1〕 테이크아웃컵 사례

먼저 테이크아웃 커피를 생각하면서 도구, 대상, 장을 확인한다. 도구는 테이크아웃컵이며, 대상은 커피이다. 이때의 장은 기계장이다.

a) 도구 : 테이크아웃컵

b) 대상 : 커피

c) 장 : 열장

그 다음 테이크아웃컵을 사용하면서 문제가 되는 상황을 물질-장 모델로 도식화 한다. 테이크아웃컵을 사용하면 뜨겁거나 차가운 커피를 손쉽게 들고 다닐 수 있는 효과가 있다. 그러나 테이크아웃컵을 사용하면 뜨겁거나 차가운 커피로 인해 손이 뜨겁거나 차갑게 되는 등 부작용이 발생할 수 있다.

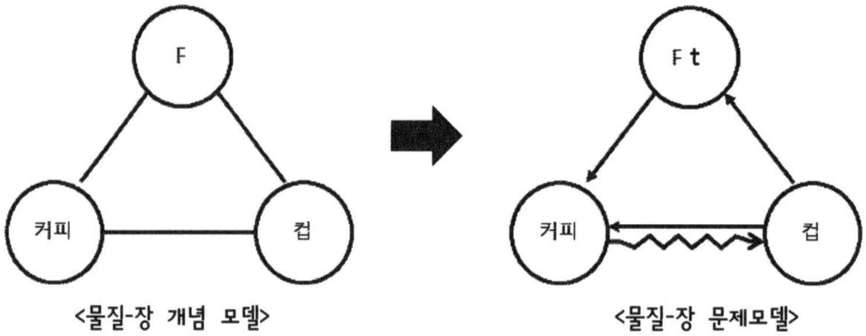

<그림 4.4> 테이크아웃컵의 물질-장 모델과 문제상황

그러면 이상적 해결책으로 커피가 뜨겁거나 차가워도 컵에 영향을 주지 않고 커피를 담아 이동할 수 있으면 좋겠다. 문제상황의 모델을 보면서 다양한 자원을 활용하여 해결상황의 물질-장 모델을 도식화 한다. 다양한 자원이란 지식자원(40가지 발명원리 포함), 시간자원, 공간자원, 물실자원, 상자원을 종합적으로 검토하여 도식화 한다. 다양한 아이디어가 많이 나올 수 있지만 2~3가지만으로 도식화하면 아래와 같다.

a) 지식자원 :

b) 시간자원 :

c) 공간자원 :

d) 물질자원 : 테이크아웃컵에 컵홀더를 추가한다.

e) 장자원 : 열장에 기계장을 추가하여 온수를 사용한다.

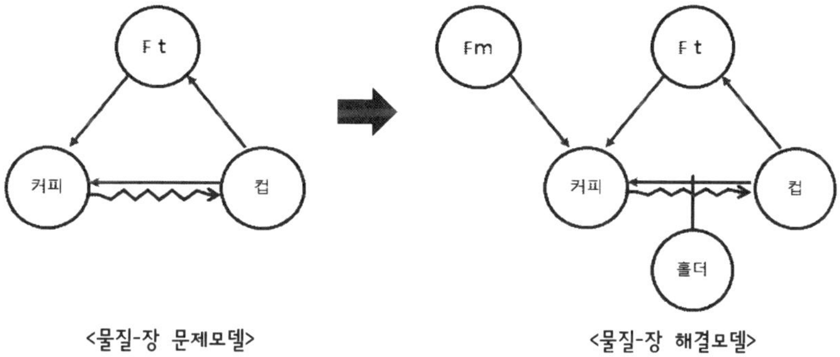

<그림 4.5> 테이크아웃컵의 물질-장 모델과 해결상황

결과적으로 커피가 뜨겁거나 차갑거나 상관없이 손으로 테이크아웃컵을 사용할 수 있으면 좋겠다. 테이크아웃컵에 컵홀더를 추가하여 온도영향을 줄일 수 있다. 이러한 아이디어를 현실적으로 작용하여 테이크아웃컵을 개발하거나 커피판매대의 환경을 새롭게 디자인할 수 있다.

커피는 직장이나 가장생활의 기호품이 된 지 오래다. 테이크아웃컵의 기능과 디자인을 개선하기 위해 개발자들은 커피를 연구하게 되었다. 커피의 상황에 따라 다양한 테이크아웃컵에 개발되고 있다. 그래서 나온 것이 텀블러이다. 뜨거운 커피를 오해 지속해 주는 텀블러, 차가운 커피를 오래 지속해 주는 텀블러, 쉽게 들고 다닐 수 있는 가벼운 텀블러, 디자인이 예쁜 텀블러, 기업의 홍보용 텀블러 등 다양한 신제품들이 쏟아져 나오고 있다. 컵과 음료의 관계, 그리고 장을 연구하면 더욱 멋진 컵이 개발될 것이다. 또한 ESG(Environmental 환경, Social사회 and Governance지배구조) 활동이 개별 기업을 넘어 자본시장과 한 국가의 성패를 가를 정도로 급부상하고 있다. ESG의 핵심활동 중에 플라스틱 감소운동이 확산됨에 따라 테이크아웃컵 등의 용기에 기술혁신이 중요한 이슈로 대두되고 있다. 플라스틱 감소를 위한 신제품개발로 승부를 거는 스타트업도 증가하고 있는 추세이다.

(2) 날면도기 사례

먼저 날면도기로 수염을 면도하는 장면을 생각하면서 도구, 대상, 장을 확인한다. 도구는 날면도기이며, 대상은 수염이다. 이때의 장은 기계장이다.

a) 도구 : 날면도기

b) 대상 : 수염

c) 장 : 기계장

그 다음 날면도기를 사용하면서 문제가 되는 상황을 물질-장 모델로 도식화 한다. 날면도기를 사용하면 매일 자라는 수염을 제거하고 깔끔한 외모를 유지하는 효과가 있다. 그러나 날면도기를 사용하면 피부를 거칠게 하고 피부에 상처를 내는 현상이 발생하는 등 날면도기의 부작용이 발생할 수 있다. 또한 수염이 강하냐 부드러우냐에 따라 면도기의의 효과의 차이가 있을 수 있다.

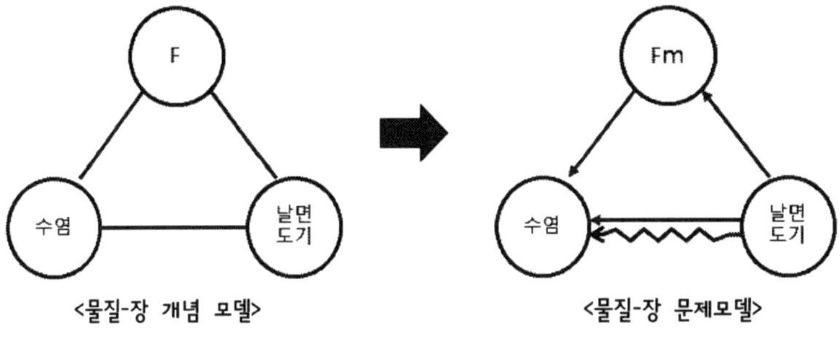

<그림 4.6> 날면도기의 물질-장 모델과 문제상황

그러면 이상적 해결책으로 피부를 거칠게 하지 않고 상처를 내지 않고 깨끗하고 시원하게 수염을 제거할 수 있으면 좋겠다. 문제상황의 모델을 보면서 다양한 자원을 활용하여 해결상황의 물질-장 모델을 도식화 한다. 다양한 자원이란 지식자원(40가지 발명원리 포함), 시간자원, 공간자원, 물질자원, 장자원을 종합적으로 검토하여 도식화 한다. 다양한 아이디어가 많이 나올 수 있지만 2~3가지만으로 도식화 하면 아래와 같다.

a) 지식자원 :

b) 시간자원 :

c) 공간자원 :

d) 물질자원 : 날면도기에 면도크림을 추가한다.

e) 장자원 : 기계장에 화학장을 추가하여 온수를 사용한다.

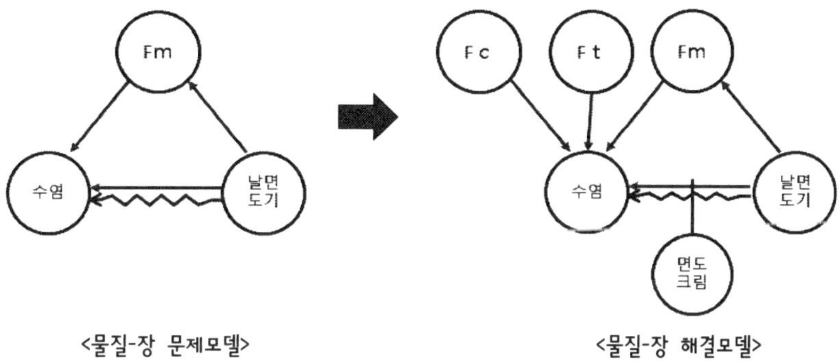

<그림 4.7> 날면도기의 물질-장 모델과 해결상황

결과적으로 피부 트러블이 생기지 않으면서 수염을 깔끔하게 제거할 수 있다. 날면도기와 수염의 화학장을 중화시키도록 면도크림을 사용하기로 한다. 그리고 적은 양의 면도크림을 깨끗하게 할 수 있도록 수염에 온수를 사용한다. 이러한 아이디어를 현실적으로 작용하여 날면도기를 개발하거나 면도를 하는 세면대나 샤워실의 환경을 새롭게 디자인할 수 있다.

최근 날면도기는 가정생활의 필수품이 되었다. 날면도기의 기능과 디자인을 개선하기 위해 개발자들은 수염을 연구하게 되었다. 수염의 상황에 따라 날면도기는 남성 전용 상품에서 여성 전용 상품까지 등장하게 되었다. 질레트, 쉘 등 외국회사 제품에 도루코 등 국내회사 제품까지 새로운 시장을 개척하는 신제품이 지속적으로 개발되고 있다. 턱수염 면도기, 다리 털 면도기, 왁싱을 위한 면도기 등 다양한 신제품들이 쏟아져 나오고 있다. 날면도기와 수염의 관계, 그리고 장을 연구하면 더욱 멋진 날면도기가 개발될 것이다. 또한 날면도기는 기술의 발전에 따라 전기면도기 시장도 크게 발전하였다. 날면도기는 물을 사용해야 되므로 습식면도기이고, 전기면도기는 물을 사용하지 않기 때문에 건식면도기로 알려져 있다. 전기면도기는 왕복식과 회전식으로 구분한다. 왕복식은 날이 들어 있는 부분이 긴 원통형이고, 회전식은 날이 들어 있는 부분이 둥근형이다. 왕복식은 피부자극이 적은 반면에 절삭력이 떨어지고, 회전식은 절삭력이 높은 반면에 피부자극이 생길 수 있다. 그래서 일반적으로 수염이 억세고 많은 경우에는 왕복식을 선호하고, 피부가 예민한 경우에는 회전식을 선호하는 편이다. 최근에는 면도크림을 바르고 면도하는 전기면도기도 개발되었다.

(3) 부엌칼 사례

먼저 부엌칼로 오이를 자르는 장면을 생각하면서 도구, 대상, 장을 확인한다. 도구는 칼이며, 대상은 오이이다. 이때의 장은 기계장이다.

a) 도구 : 부엌칼

b) 대상 : 오이

c) 장 : 기계장

그 다음 부엌칼을 사용하면서 문제가 되는 상황을 물질-장 모델로 도식화 한다. 부엌칼을 사용하면 오이를 간편하고 깔끔하게 자를 수 있는 효과가 있다. 그러나 부엌칼을 사용하면 오이가 부엌칼에 붙어서 계속 오이를 자를 때 불편한 현상이 발생하는 등 오이의 부작용이 발생할 수 있다.

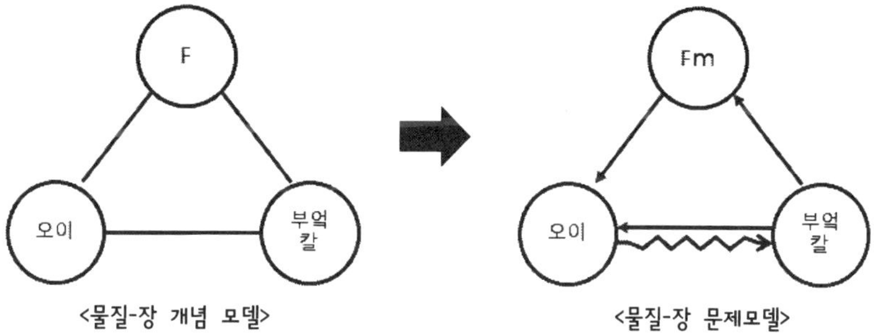

<그림 4.8> 부엌칼의 물질-장 모델과 문제상황

그러면 이상적 해결책으로 오이가 칼에 붙지 않고 자연수럽게 제거할 수 있으면 좋겠다. 문제상황의 모델을 보면서 다양한 자원을 활용하여 해결상황의 물질-장 모델을 도식화 한다. 다양한 자원이란 지식자원(40가지 발명원리 포함), 시간자원, 공간자원, 물질자원, 장자원을 종합적으로 검토하여 도식화 한다. 다양한 아이디어가 많이 나올 수 있지만 2~3가지만으로 도식화 하면 아래와 같다.

a) 지식자원 :

b) 시간자원 :

c) 공간자원 :

d) 물질자원 : 부엌칼에 식품오일을 추가한다.

e) 장자원 : 기계장에 화학장을 추가한다.

결과적으로 부엌칼에 오이가 붙지 않으면서 오이를 깔끔하게 자를 수 있다. 부엌칼과 오이의 기계장을 감소하도록 식품오일을 사용하기로 한다. 이러한 아이디어를 현실적으로 적용하여 부엌칼을 개발하거나 요리를 하는 씽크대나 부엌의 환경을 새롭게 디자인할 수 있다.

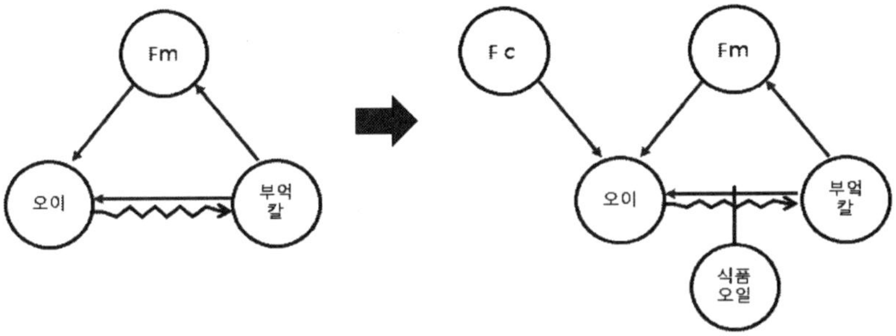

<물질-장 문제모델> <물질-장 해결모델>

<그림 4.9> 부엌칼의 물질-장 모델과 해결상황

최근 부엌칼은 부엌의 필수품이 되었다. 부엌칼의 기능과 디자인을 개선하기 위해 개발자들은 오이를 연구하게 되었다. 그러나 공산품과 다르게 오이는 농산품이므로 오이를 변경하는 것은 쉽지 않다. 오이 자체를 연구하기 보다 오이의 속성을 연구할 필요가 있다. 이때 과학적 효과를 활용하는 것이 효과적이다. 오이는 칼면과 표면장력에 의해서 붙는 현상이 발생하므로 표면장력을 줄여주도록 오이와 칼면이 접촉하는 면적을 줄여주면 된다. 그래서 칼날은 그대로 두고 칼면의 형상을 변경하여 구멍을 뚫거나, 오목하게 하거나 볼록하게 하는 등 다양한 부엌칼이 개발되고 있다. 그리고 장을 연구하면 더욱 멋진 부엌칼이 개발될 것이다.

또한 푸드테크가 새로운 사업으로 급부상하면서 다양한 도구와 대상에 대한 연구도 활발히 연구되고 있다. 기존의 식품산업에 새로운 기술이 융합되면서 푸드테크가 미래산업으로 각광받고 있다. 과거에는 신선소재를 집에서 그대로 조리하던 일들이 많았지만, 최근에는 밀키트산업의 성장으로 조리하는 시대에서 요리하는 시대로 변화하고 있다. 밀키트를 구입하면 누구나 집에서 요리할 수 있는 시대가 된 것이다. 그래서 부엌칼과 도마, 계란과 후라이팬, 후라이팬과 가스레인지, 라면과 냄비, 오븐과 빵, 에어프라이기와 닭가슴살 등 다양한 상호관계를 물질-장 모델로 표현하면 더욱 다양한 신제품을 개발할 수 있을 것이다. 그리고 학생들은 알고리듬을 공부하는데 이해력을 더욱 높일 수 있을 것이다.

4.2 76표준해

4.2.1 표준해결법의 발전 및 구조

알트슐러는 아리즈-56을 발표하면서 창의적 문제해결의 알고리듬과 기법들을 지속적으로 발전시켜왔다. 알트슐러가 초기에 쓴 '그러자 발명가가 나타났다' 책에는 28가지의 발명원리가 실제 사례와 같이 소개되어 있다. 28가지 발명원리 이후에 수년 동안에 4만건 이상의 특허분석을 통해 40가지 발명원리로 발전되었다. 40가지 발명원리와 모순매트릭스는 아리즈-71에 구체적인 알고리듬이 소개되어 있다.

1969년 알트슐러는 40가지 발명원리와 모순매트릭스를 활용하여 기술적모순을 해결하는 세미나를 열었고, 많은 학생들이 트리즈 세미나에 참석하였다. 초기에는 며칠 간의 세미나로 시작되었지만, 시간이 지나면서 대학에 단기코스로 등록되면서 트리즈스쿨로 발전하게 된다. 트리즈스쿨은 보통 10개월 동안 트리즈레벨1부터 트리즈레벨3까지의 내용을 공부한다. 이때에 물리, 화학 등 과학자들이 수업을 듣게 되었다. 알트슐러는 과학자들을 가르치면서 물질-잠모델의 개념을 정립하게 된다. 수업이 종료될 때 시험을 치러서 점수에 따라 트리즈레벨 수준을 정하게 된다. 그리고 트리즈스쿨에서 학생들이 공부하는 동안 실습과제를 수행하게 되는데, 알트슐러는 학생들에게 물질-장모델의 개념을 적용한 사례들을 과제로 제시했다. 한국에서 전문가로 활동한 러시아전문가도 그때 사례들을 ㅁ았다고 했다. 학생들은 물질-장모델의 사례를 200개 정도 모았을 때 하나의 해법으로 정리했다고 한다. 1979년에는 처음으로 28개의 표준해결법을 분류하게 되었다. 1984년도에 69개의 표준해결법이 분류되었다. 마지막으로 1985년 현재에 알려진 76가지 표표준해를 모두 분류하게 되었다. 표즌해가 76가지 이므로 최소 15,200개의 물질-장모델 사례를 모았을 것으로 생각된다. 76표준해는 알트슐러와 그의 제자들이 귀납적인 방법으로 사례를 모아서 만든 새로운 기법이다.

76표준해는 전체 다섯 가지 분류로 구성되며, 76가지의 개별 항목으로 구성된다. 아래 표에서 76표준해의 내용을 소개한다.

<표 4.7> 76표준해 구조

분류	그룹	표준해 갯수
분류1 : SFMs의 결합 및 분해	Group 1-1 : SFM의 합성	8개
	Group 1-2 : SFMs의 분해	5개
분류 2 : SFMs의 진화	Group 2-1 : 복잡 SFMs으로의 전이	2개
	Group 2-2 : SFM의 진화	6개
	Group 2-3 : 리듬조화에 의한 진화	3개
	Group 2-4 : Ferro-Magnetic SFMs	12개
분류 3 : 상위시스템과 미세수준으로의 전이	Group 3-1 : Bi-System 과 Poly-System으로의 전이	5개
	Group 3-2 미세수준으로의 전이	1개
분류 4 : 측정 및 검출 원칙	Group 4-1 : 측정/검출 대신에 시스템 변경	3개
	Group 4-2 : 측정시스템의 합성(Synthesis)	4개
	Group 4-3 : 측정시스템의 강화(Enhancement)	3개
	Group 4-4 : Ferro-Magnetic 측정시스템으로의 전이	5개
	Group 4-5 : 측정시스템의 진화	2개
분류 5 : 표준해의 응용을 위한 표준	Group 5-1 : 물질(Substance)의 도입	4개
	Group 5-2 : 장(Fields)의 도입	3개
	Group 5-3 : 상태전이(Phase Transition)의 활용	5개
	Group 5-4 : 물리 Effects의 활용	2개
	Group 5-5 : 물질입자의 획득	3개

분류1은 SFMs의 결합 및 분해이다. 세부적인 내용으로 Group 1-1 : SFM의 합성, Group 1-2 : SFMs의 분해 등으로 구성된다. 분류1은 총 13개의 표준해가 있다. SFMs(SuField Models)는 수필드 모델이리고 읽는다. 이것은 물질-장 모델(Substance-Field Model)로 알려져 있다. 분류1은 물질-장 모델을 합치거나 분해하는 해법이다.

분류 2는 SFMs의 진화이다. 세부적인 내용으로 Group 2-1 : 복잡 SFMs으로의 전이, Group 2-2 : SFM의 진화, Group 2-3 : 리듬조화에 의한 진화, Group 2-4 : Ferro-Magnetic SFMs 등으로 구성된다. 총 23개의 표준해가 있다. 분류2는 단순한 물질-장을 복잡한 물질-장으로 발전하는 해법이다.

분류 3은 상위시스템과 미세수준으로의 전이이다. 세부적인 내용으로 Group 3-1 : Bi-System 과 Poly-System으로의 전이, Group 3-2 미세수준으로의 전이 등으로 구성된다. 총 6개의 표준해가 있다. 분류3은 상위시스템으로 발전하거나, 하위시스템으로 발전하는 해법이다. 일반적인 기술시스템의 문제는 분류1, 분류2, 분류3으로 해결된다.

분류 4는 측정 및 검출 원칙이다. 세부적인 내용으로 Group 4-1 : 측정/검출 대신에 시스템 변경, Group 4-2 : 측정시스템의 합성(Synthesis), Group 4-3 : 측정시스템의 강화(Enhancement), Group 4-4 : Ferro-Magnetic 측정시스템으로의 전이, Group 4-5 : 측정시스템의 진화 등으로 구성된다. 총 17개의 표준해가 있다. 분류4는 기술시스템을 측정하는 장치에 관한 것이다. 측정장치를 개발할 때 활용하는 방법이다. 요즘 관심이 많아진 진단키트개발에도 분류4를 활용한다.

분류 5는 표준해의 응용을 위한 표준이다. 세부적인 내용으로 Group 5-1 : 물질(Substance)의 도입, Group 5-2 : 장(Fields)의 도입, Group 5-3 : 상태전이(Phase Transition)의 활용, Group 5-4 : 물리 Effects의 활용, Group 5-5 : 물질입자의 획득 등으로 구성된다. 총 17개의 표준해가 있다. 분류5는 앞의 내용을 적용할 때 고려해야 할 내용을 설명하는 주석과 같은 내용이다.

76표준해를 적용할 때 일일이 한 가지씩 시행착오를 거치면서 적용하지 않도록 알고리듬을 제시한다. 트리즈의 핵심철학이라고 할 수 있는 '시행착오'를 벗어나는 방법이다. 모순매트릭스도 시행착오를 벗어나는 최초의 알고리듬이라고 할 수 있다. 아리즈도 시행착오를 벗어나는 최고 수준의 알고리듬이다.

문제를 해결하는데 76표준해를 적용하기 위해서는 다음 사항들을 확인해야 한다.

1) 주어진 문제의 유형을 결정해야 한다. 즉, 문제가 시스템을 변경해야 하는 것인지 또는 무언가를 탐지(측정)해야 하는 것인지를 결정해야 한다. 문제가 시스템을 변경해야 하는 것이라면 현재 시스템의 물질-장 모델을 구성한다.
2) 만일 불완전한 물질-장 모델이라면 하위분류 1.1의 표준해결책을 적용한다.
3) 만일 유해한 물질-장 모델이라면 하위분류 1.2의 표준해결책을 적용한다.
4) 만일 불충분한 물질-장 모델이라면 분류2와 분류3의 표준해결책을 적용한다.
5) 문제가 무언가를 탐지 혹은 측정해야 하는 것이라면, 분류4의 표준해결책을 적용한다. 해결책 개념을 찾았다면, 그 시스템의 물질-장 모델이 분류5의 표준해결책을 적용하여 간소화 될 수 있는지를 검토한다.

다음 그림에서 76표준해의 알고리듬을 제시한다. 최초의 물질-장 모델의 상황에서 76표준해를 적용하여 단계적으로 알고리듬을 적용하면 된다.

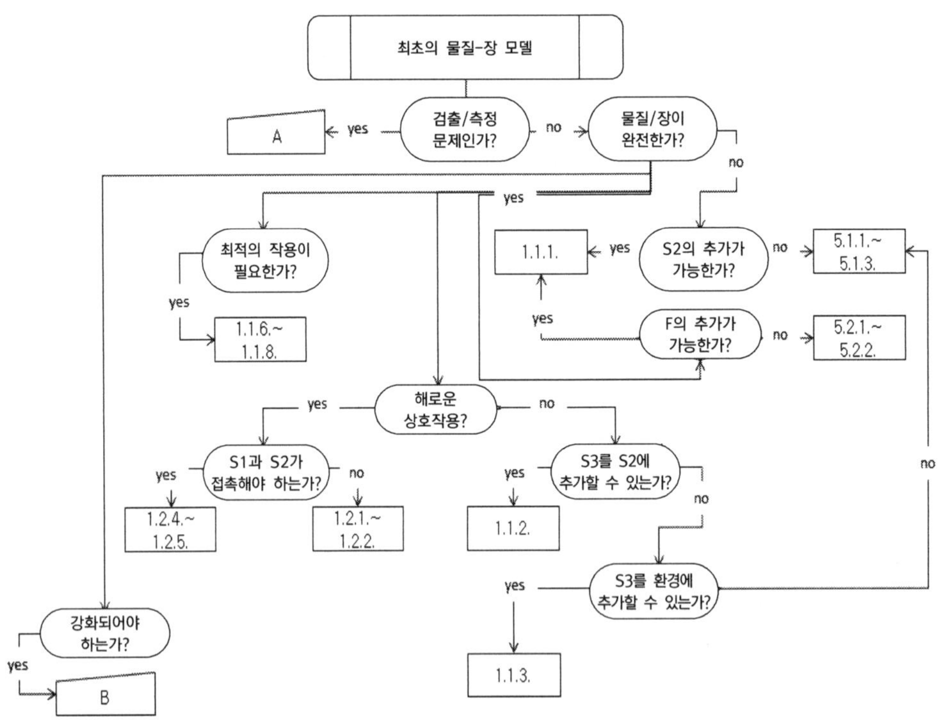

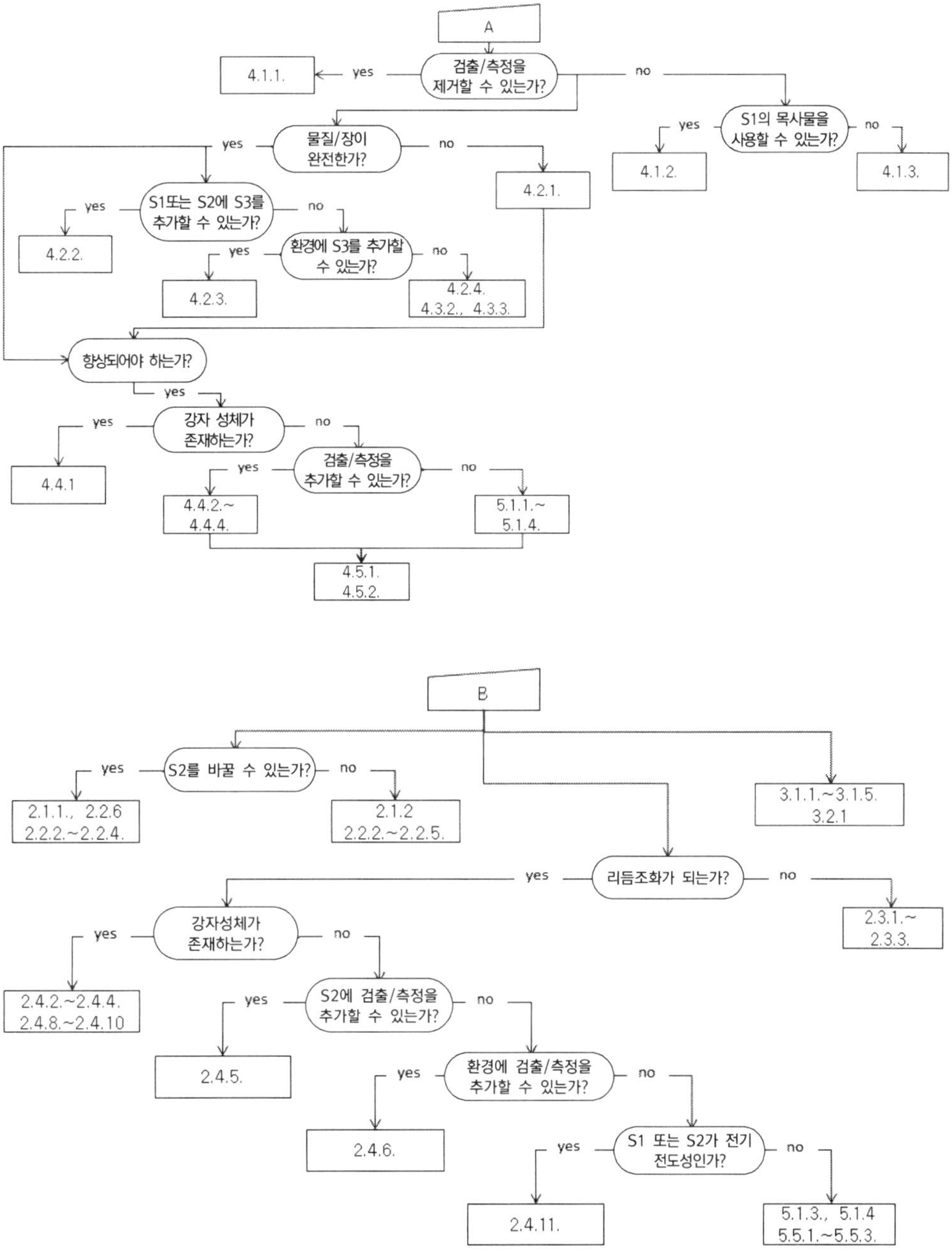

<그림 4.10> 76표준해 알고리즘

4.2.2 76표준해 분류 1 : SFMs의 결합 및 분해

✍ Group 1-1 : SFM의 합성

✔ 표준 1-1-1

변경시키기 어려운 대상의 수정이 요구되고 물질이나 장의 도입이 제약되지 않은 경우, 이 문제는 SFM을 합성함으로써 해결됨 : 대상은 물리장의 작용에 의해 필요한 수정을 생성하게 된다.

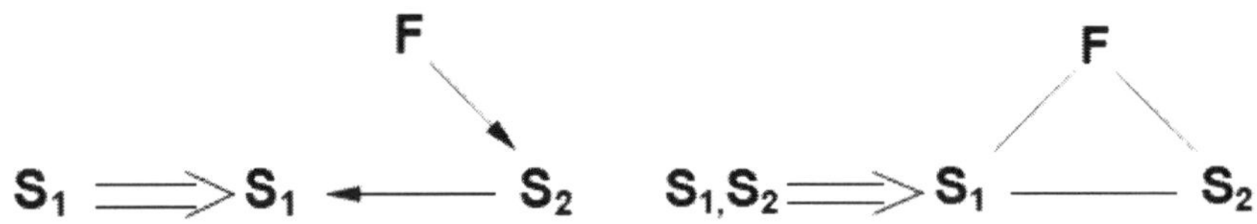

예 : 가루물질에서 공기를 제거하기 위해서, 물질에 원심력을 작용시킨다.

✔ 표준 1-1-2

존재하고 있는 SFM을 요구수준까지 수정하는 것이 어렵고, 주어진 물질에 첨가제를 도입하는 것이 가능한 경우, 이 문제는 Internal Complex SFM으로 일시 또는 영구적으로 전이 시킴으로써 해결됨 : 기존의 물질에 첨가제를 도입함으로써 제어성을 강화 시키거나 또는 요구되는 성질을 SFM에게 전달할 수 있음.

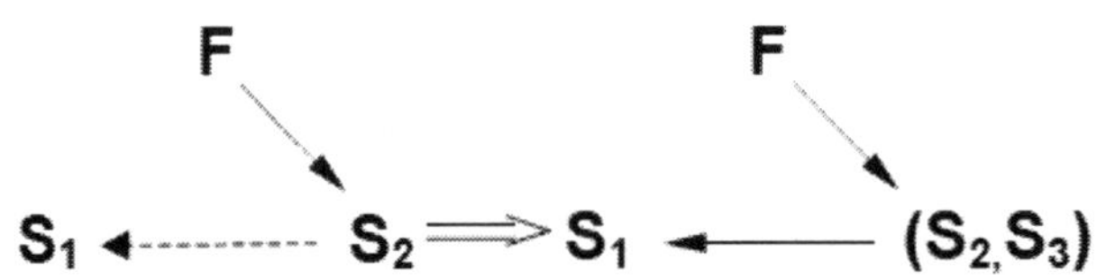

예 : 매우 작은 액체방울을 검출하기 위해, 사전에 액체에 Luminphore를 첨가하면, 자외선 빛을 사용해서 쉽게 검출됨.

✔ 표준 1-1-3

존재하고 있는 SFM을 요구수준까지 수정하는 것이 어렵고, 주어진 물질에 첨가제를 도입하는 것이 불가능한 경우, 이 문제는 External Complex SFM으로 일시 또는 영구적으로 전이 시킴으로써 해결됨 : 이러한 물질중 하나를 도입하므로써 제어성을 강화 시키거나 또는 요구되는 성질을 SFM에게 전달할 수 있음.

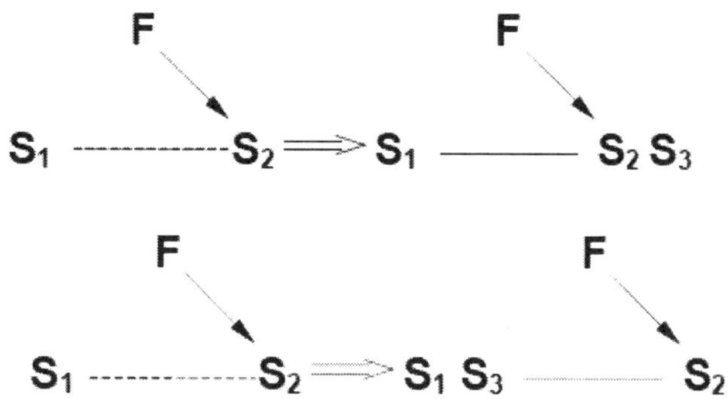

예 : 파이프에서 가스의 누출을 검출하기 위해, 파이프의 외면에 가스와 반응하면 거품을 생성하는 물질을 씌우면 눈으로 쉽게 검출할 수 있음.

✔ 표준 1-1-4

존재하고 있는 SFM을 요구수준까지 수정하는 것이 어렵고, 주어진 물질에 첨가제를 도입하거나 부착시키는 것이 불가능한 경우, 이 문제는 외부환경을 물질로 활용하여 SFM을 합성함으로써 해결되어야 한다.

✔ 표준 1-1-5

만약 외부환경이 SFM을 합성하기 위해 요구되는 필요한 물질을 가지고 있지 않다면, 이러한 물질은 외부 환경을 다른 것으로 대체하거나 환경을 분해 또는 환경에 첨가제를 도입함으로써 얻어질 수 있다.

예 : Sliding Effect의 Coefficient를 개선하기 위해서, Aerated Liquid Lubricant(기포 생성한 액체 윤활유)를 적용함.

✔ 표준 1-1-6

만약 작용의 Minimum(Measured, Optimal) Mode가 요구되지만 문제의 조건에 의해 어렵거나 불가능한 경우, Maximum Mode를 사용해야 하며, 이때 초과되는 작용은 제거 시켜야 한다. 초과되는 물질은 장에 의해 제거되고, 초과되는 장은 물질에 의해 제거한다.

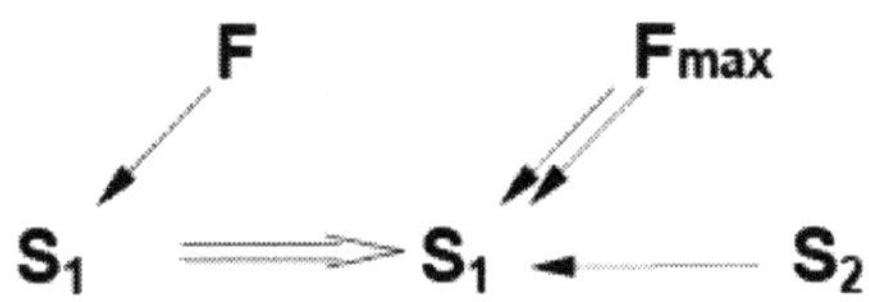

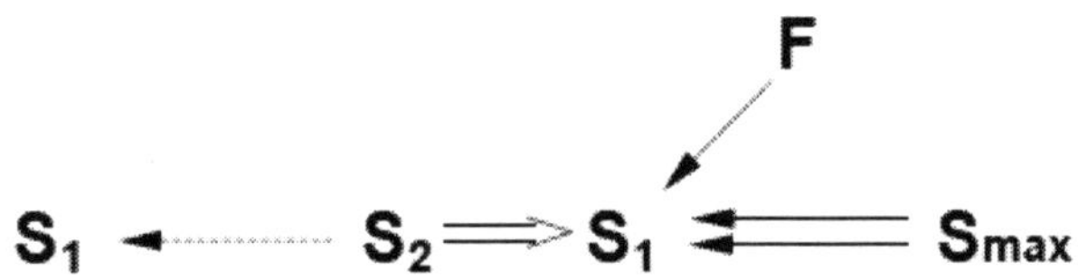

예 : 부품을 정밀하게 도장하기 위해서 페인트가 담긴 용기에 부품을 담근후 빼내서 회전시키면 원심력에 의해 과잉의 페인트가 제거된다.

✔ 표준 1-1-7

어떠한 물질에 최대모드의 작용이 요구되지만, 어떠한 이유에 의해 불가능한 경우, 처음 물질에 부착된 또 다른 물질을 통해 최대작용은 보전하면서 처음의 물질에 작용시킨다.

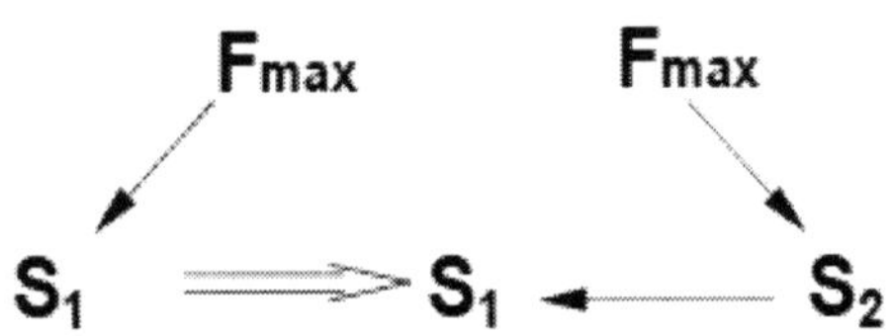

예 : 강화 콘크리트의 제조시, 철근대신에 금속Wire를 사용할 수 있지만 금속Wire는 인장되어야 하며, 이를 위해 약 700℃정도로 가열해야 하지만 이 경우에는 기구적 물성이 변형된다. 금속Wire의 물성변화를 발생시키지 않으면서 인장시키기 위해서는 철근에 금속Wire를 연결하여 철근을 가열하면 된다.

✔ 표준 1-1-8-1

만약 선택적인 Maximum Mode가 요구되는 상황(특정 지역에는 최대모드, 다른 지역에는 최소모드)이라면, 장의 모드는 최대모드를 적용하며, 최소작용이 요구되는 장소에는 보호물질을 도입한다.

예 : 주사용 유리용기를 밀봉할 때, 과열은 액체약품을 성질을 변화 시키므로 밀봉되는 Tip을 제외한 나머지 용기는 물속에 넣으면 물이 Tip 이외 용기의 과열을 차단하므로 약품의 변질문제를 해결할 수 있다.

✔ 표준 1-1-8-2

만약 선택적인 Maximum Mode가 요구되는 상황(특정 지역에는 최대모드, 다른 지역에는 최소모드)이라면, 장의 모드는 최소모드를 적용하며, 최대작용이 요구되는 장소에는 국부적인 장(Local Field)을 생성시킬 수 있는 물질(Thermal Action에 대응하는 Termite 또는 Mechanical Action에 대응하는 Explosive물질)을 도입한다.

예 : 두개의 금속부품을 용접할 때 사용하는 Exothermic Powder 물질은 추가열을 발생시켜 두개 부품사이에 전달한다.

✔ 표준 1-2-1

만약 SFM의 두 물질사이에 순기능이나 역효과가 발생되고, 두 물질사이에 직접적인 접촉을 유지할 필요가 없으면, 이 문제는 제3의 외부물질을 두 물질사이에 도입하면 해결된다.

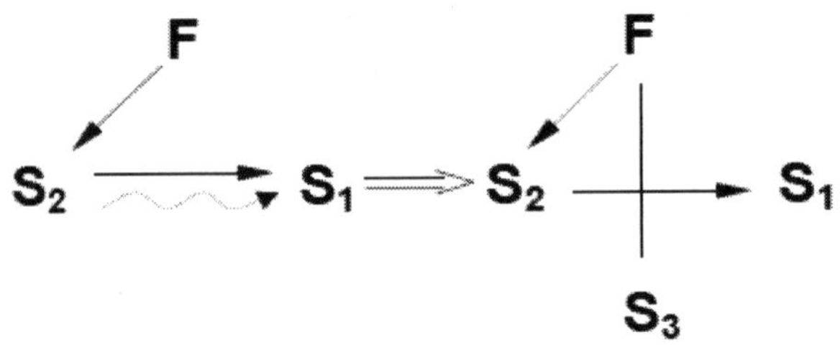

Note : 시스템에 도입하는 제3의 물질은 외부에 존재하는 기존의 물질 또는 현재 존재하는 물질에 존재하는 장을 노출하여 얻어질 수 있다. 특히 도입되는 물질로는 Void, 거품, Foam 등도 고려될 수 있다.

예 : 시추공의 벽면을 견고하게 만들기 위해 폭발중에 발생되는 가스를 활용하지만, 이러한 가스도 벽면의 Crack을 유발하므로, 제3의 물질인 점토를 이용하여 벽면에 씌우는 것이 제안될 수 있다.

✔ 표준 1-2-2

만약 SFM의 두 물질사이에 순기능이나 역효과가 발생되고, 두 물질사이에 직접적인 접촉을 유지할 필요가 없지만, 외부의 물질을 활용하는 것이 금지되어 있거나 불편을 유발하는 경우, 이 문제는 시스템내 존재하는 두 물질의 수정형태로 제3의 물질을 생성하여 두 물질사이에 도입하여 해결한다.

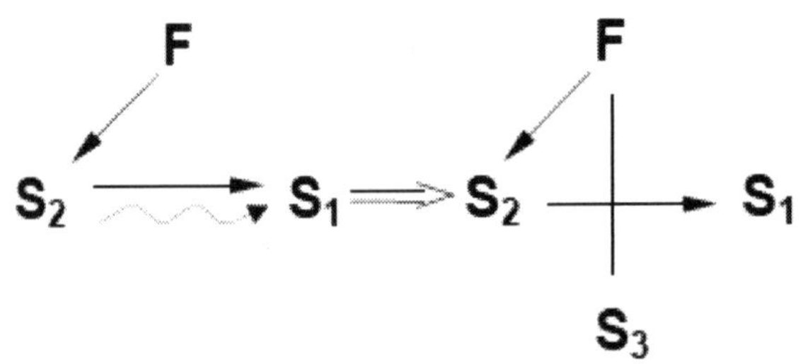

Note : 시스템에 도입하는 제3의 물질은 외부에 존재하는 기존의 물질 또는 현재 존재하는 물질에 존재하는 장을 노출하여 얻어질 수 있다. 특히 도입되는 물질로는 Void, 거품, Foam 등도 고려될 수 있다. 또한 물질의 수정은 SFM내 물질운동원리 또는 법칙의 변화를 유발할 수도 있다 : Movable-Fixed Parts etc.

예 : 유체역학 분야에서 유체가 고속으로 운반될 때, Foil과 유체사이에 작용하는 마찰력에 의해 발생되는 진공(Cavitation)에 의해 Foil이 파손되는 경우가 발생한다. 이 문제의 해결을 위해서 Foil을 냉각시키는 방법이 제시될 수 있다. 이 경우에는 Foil과 접촉된 부분의 유체가 냉각되어 얼음 층을 형성하므로 Foil의 파손을 방지할 수 있다.

✔ 표준 1-2-3

만약 어떤 물질에 작용하는 역효과를 제거해야 하는 경우, 이 문제는 자기 자신에게로 장의 역효과를 돌릴 수 있는 제2의 물질을 도입하면 해결된다.

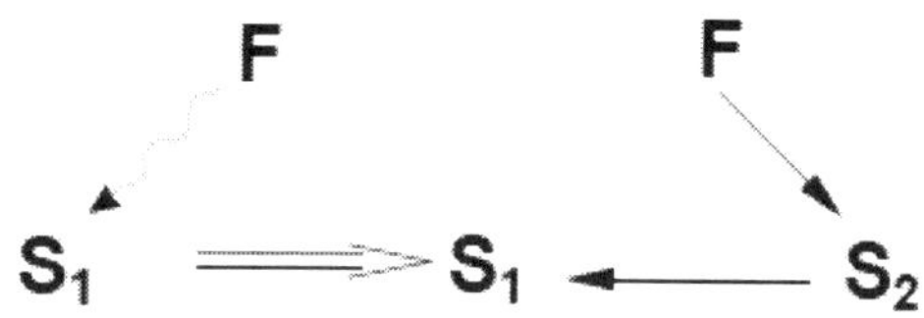

예 : 혹한기에 땅속에 매설된 통신 Cable이 응력에 의해 파손되는 것을 방지하기 위해 Cable을 매설하기 이전에 Cavity를 형성하면 된다.

✔ 표준 1-2-4

만약 SFM에서 두 물질사이에 순효과와 역효과가 발생되고 있으면서 두 물질간의 직접적인 접촉이 요구되는 경우, 이러한 유형의 문제는 순효과는 주어진 장을 이용하여 유지하고 새로운 장으로 역효과를 중화시키는(또는 역효과를 순효과로 변환하는) Dual SFM으로 전이하여 해결한다.

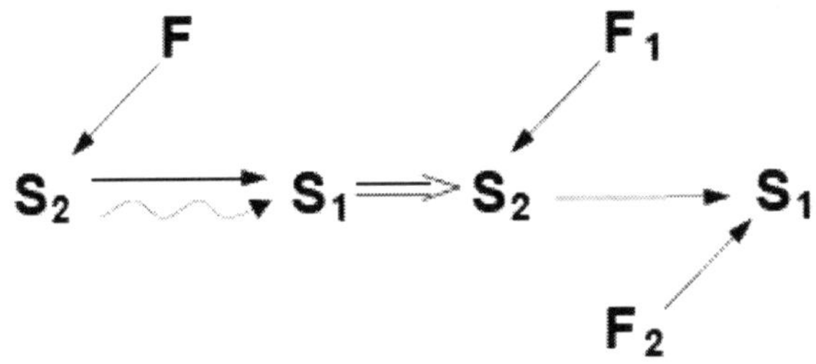

예 : 꽃의 수분작용을 돕기 위한 방법으로 공기흐름을 이용할 수 있다. 그러나 이 방법은 꽃 봉오리를 닫게 만든다. 이 문제를 해결하기 위해 Electrostatic Discharge를 이용하여 꽃을 개화시키는 방법이 제시될 수 있다.

✔ 표준 1-2-5

만약 자기장을 이용하여 SFM을 분해하는 것이 필요한 경우, 이 문제는 물리적 효과인 "물질의 Ferromagnetic 성질" (예를 들어 충격이나 Curie Point 이상의 가열에 의한 Demagnetizing)을 이용하여 해결할 수 있다.

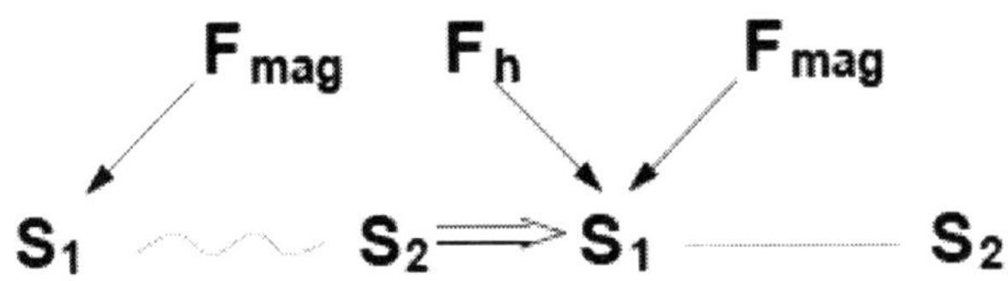

Note : 자기장은 자석 시스템이 이미 사용되고 있는 다른 것들의 장의 효과를 보상하는 그 순간에 발생된다. 그중의 하나가 Demagnetize 될 때 자기장은 시스템 내에 발생할 것이다.

예 : 용접을 하고 있는 동안에 Ferromagnetic Powder를 용접 존에 삽입하는 것은 매우 어렵다 : 용접전류에 의한 전자기장으로 인해 파우더 입자를 정확히 용접 존에 위치시키는 것이 어렵다. 이 문제를 해결하기 위해 파우더를 Curie Point 이상으로 가열하여 비자성체로 만드는 것이 제시될 수 있다.

4.2.3 76표준해 분류 2 : SFMs의 진화

✍ Group 2-1 : 복잡 SFMs으로의 전이

✔ 표준 2-1-1

SFM을 구성하는 하나의 Part가 독립적으로 콘트롤되는 SFM으로 변화되고 Chain SFM을 형성하는 경우 SFM의 효율은 강화된다.

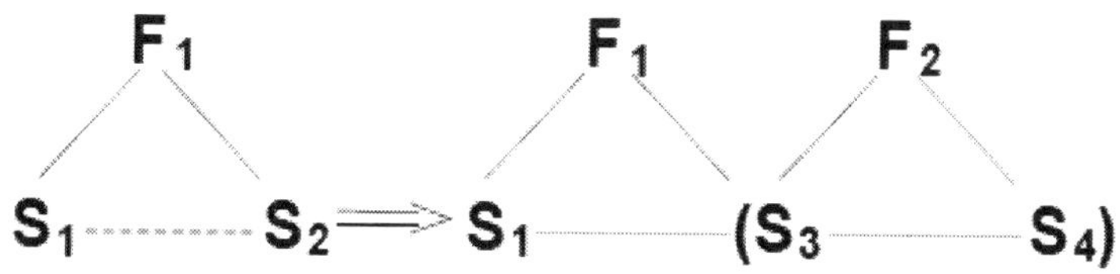

예 : 가파른 경사지에서 작동중일 때 무게중심(Center of Gravity)을 가변시킬 수 있는 Tractor

✔ 표준 2-1-2

콘트롤되고 있는 SFM의 효율 향상이 요구되고 SFM 요소의 대체는 허가되지 않는 경우, 이 문제는 콘트롤하기 용이한 제2의 SFM을 도입하여 Dual SFM을 합성함으로써 해결될 수 있다.

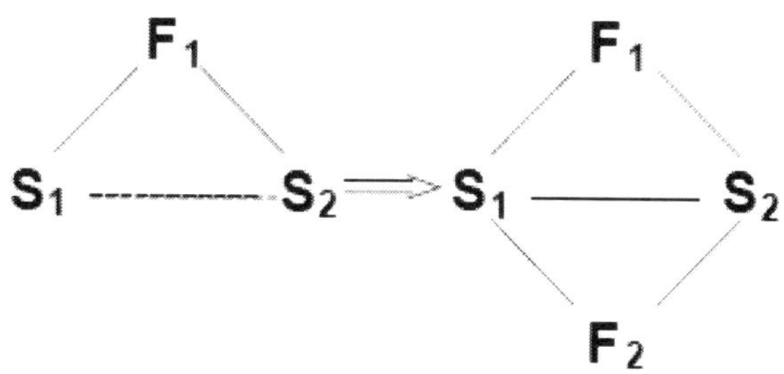

예 : 금속을 원심분리기에서 회전시킴으로 용융된 금속의 콘트롤 용이성을 확보하는 것이 제시되고 있다.

✍ Group 2-2 : SFM의 진화

✔ 표준 2-2-1

콘트롤되지 않거나 통제할 수 없는 장을 콘트롤 할 수 있는 장으로 대체 함으로써 SFM의 효율을 강화시킬 수 있다. 예를 들어 중력장은 기계장으로, 기계장은 전기장으로 대체하는 것이 이에 해당한다.

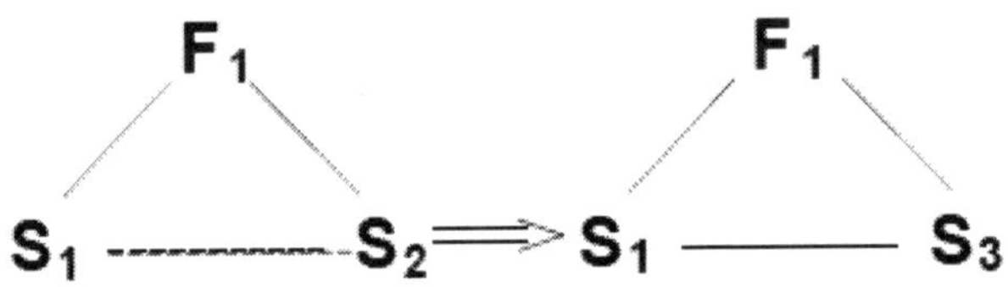

Note : 특정의 경우 기존의 장을 다른 장으로 대체하는 것 이외에도 기존의 장을 다음에 제시하는 라인에 의해 개선함으로써 장의 통제성(Controllability)을 강화시킬 수 있다.

> 연속적인 장 → 단조 변화 장 (Monotonically Changing Field) → Pulsed Field → Variable Field → Variable in Frequency & Amplitude → ········

예 : 비균질(Non-Uniform) 금속의 절단을 위해 금속날(Metal Blade)을 Water Jet으로 대체

✔ 표준 2-2-2

SFM의 효율은 Tool로써 작용하는 물질의 세분화(Fragmentation) 정도를 증가시키는 과정에서 강화된다.

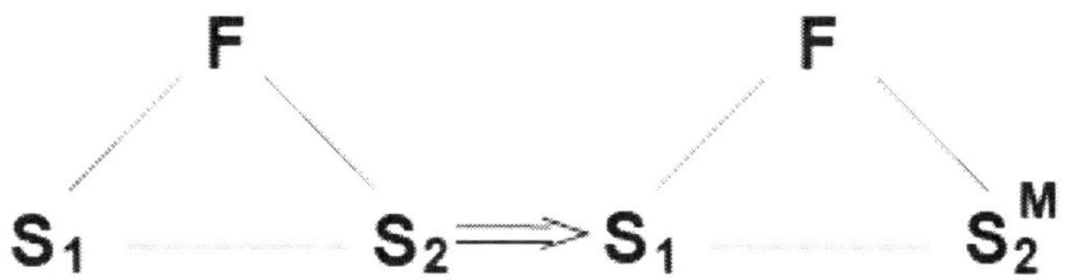

Note : Standards는 기술진화의 주요 추세 중 하나를 나타낸다. 예를 들어 Tool의 세분화 또는 Product와 즉각적으로 상호작용하는 Tool의 Parts를 들 수 있다.

예 : Teeth를 가진 칼에서 Abrasive Coating 처리된 칼로 발전

✔ 표준 2-2-3

SFM의 효율 강화를 위해서 Solid 물질은 Capillary Porous 물질로 전이된다.

전이의 수행과정은 다음과 같다.

Solid 물질 → 하나의 Cavity를 가진 물질 → 여러 개의 Cavity를 가진 물질 (Perforated) → Capillary Porous 물질 → 특별한 세공(Pore) 구조를 가진 Capillary Porous 물질

Note : Capillary Porous 물질로의 전이는 액체물질이 Pores나 물리적 효과로 대체 될 수 있음을 의미한다.

예 : 많은 모세관을 가진 물질은 Flat한 물질보다 정확하게 액체의 접착제를 표면에 접착시킨다.

✔ 표준 2-2-4

Dynamics 수준의 증가에 따라 SFM의 효율이 강화된다.

예를 들어 보다 유연하고, 시스템의 구조를 변화시킬 수 있는 방향으로 전이한다.

Note : 물질을 Dynamic하게 만드는 것은 물질을 2개의 연결부분으로 나누는 것으로 부터 시작하여 다음의 라인을 따라 발전한다.

하나의 연결고리 → 여러 개의 연결고리 → 유연한 물질

장의 Dynamics는 장(또는 물질과 장)의 연속적 효과로부터 Pulsed 효과로 전이하는 과정이다.

예 : 경첩과 같이 세분화되어 접을 수 있는 문

✔ 표준 2-2-5

SFM의 효율은 Uniform Fields 또는 무질서 구조의 Field에서 Non-Uniform Field 또는 Definite Spatial-Temporal Structure(Constant or Variable)를 가진 장으로 전이하면서 강화된다.

Note : 만약 어떤 공간적 구조가 물질에 전달되어지면, 이러한 Process는 물질의 요구되는 구조에 대응하는 구조를 가지는 장에서 이루어 진다.

예 : 자석가루를 혼합하기 위해, 첫번째 파우더 층을 두번째 파우더위에 놓고, 비균질 자기장을 적용한다.

✔ 표준 2-2-6

SFM의 효율은 Uniform 또는 무질서 구조의 물질에서 Non-Uniform Field 또는 Pre-defined Spatial-Temporal Structure(Constant or Variable)를 가진 물질로 전이하면서 강화된다.

Note : 만약 Intensive Effect 또는 장이 시스템의 유한한 장소(Definite

Spots)에 요구된다면, 이러한 장소에 요구되는 장을 생성할 수 있는 물질을 미리 도입한다.

예 : 다공성 내화물을 만들기 위해 기공이 있는 물질을 섞는다. 이를 소결하면 타버리고 벽돌만 남는다.

✍ Group 2-3 : 리듬조화에 의한 진화

✔ 표준 2-3-1

SFM의 효율은 장의 작용 주파수를 Product(또는 Tool)의 고유 진동수와 Matching (or Mismatching) 시킴으로써 강화된다.

예 : 1. Massage 리듬을 환자의 맥박과 동기화 함.

2. Arc 용접시 자기장의 주파수는 Melting Electrode의 고유진동수와 동일함.

✔ 표준 2-3-2

Complex SFM의 효율은 사용되고 있는 장의 주파수를 Matching(or Mismatching) 함으로써 강화된다.

예 : 부품을 어떤 재료로 코팅할 때, 재료는 분말의 형태로 적용된다. 전류와 자기장의 진동 주파수를 동일하게 함으로써 고정도의 균질한 품질을 확보한다.

✔ 표준 2-3-3

작용을 변화시키는 것과 측정하는 것이 요구되는 경우와 같이, 조화되지 않는 2개의 작용이 공존할 때, 하나의 작용은 다른 작용이 일시정지(Pause)되었을 때 수행되어야 한다. 일반적으로 한 작용의 일시정지에는 다른 순작용을 수행한다.

예 : 접촉용접의 정도확보를 위해 요구되는 측정은 전류의 진동주파수 사이의 일시정지 동안에 수행된다.

✍ Group 2-4 : 복잡도가 강화된 SFMS [feSFM : Ferro-Magnetic SFMs]

✔ 표준 2-4-1

SFM의 효율은 페로마그네틱 물질과 자기장의 사용에 의해 강화된다.

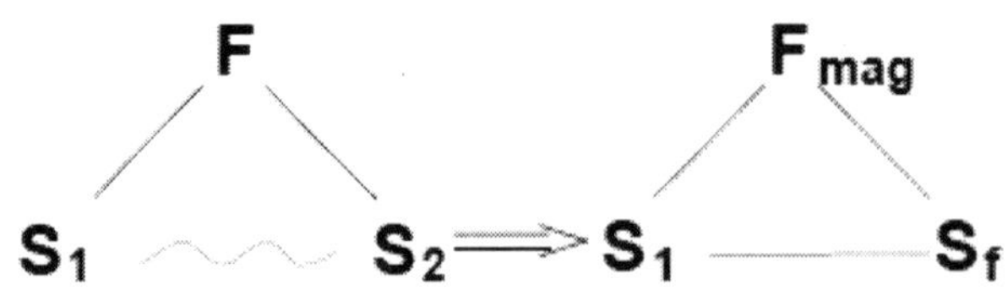

Note :

1. 이 Standard에서 페로마그네틱 물질은 분쇄된 형태를 의미하지 않으며,
2. feSFM은 흩어져 있는 페로마그네틱 물질과 자기장이 상호작용하고 있는 SFM시스템을 의미한다.

✔ 표준 2-4-2

SFM의 Control 효율은 물질중 하나를 페로마그네틱 입자(칩, 그레뉼, 그레인 등)로 대체(또는 페로마그네틱 입자의 첨가)하고 자기장을 적용함으로써 강화된다.

Note : 콘트롤 효율은 도입된 물질의 세분화 또는 페로마그네틱 입자의 세분화 정도를 높일 수록 강화된다.

페로 입자 : 그레뉼 → 파우더 → 미세입자 → 마그네틱 액체 물질 : Solid → 그레인 → 파우더 → 액체

예 : 분무기는 전극과 노즐로 구성된다. 좀 더 성능을 향상하기 위해 용기를 코일로 감싸고 용기내에 페로마그네트 입자를 첨가한다.

✔ 표준 2-4-3

feSFM의 효율은 마그네틱 유체-석유, 실리콘, 또는 물에 떠있는 콜로이드 페로마그네틱 입자 등을 적용함으로써 강화된다.

예 : 파이프에 압력누수를 막기위해 저밀도 용액이 사용된다. 이 용액의 낭비를 막기 위해 자성유체를 자장과 함께 사용한다.

✔ 표준 2-4-4

feSFM의 효율은 많은 feSFM 중에서 Capillary Porous 구조의 성질을 가진 것을 적용함으로써 강화된다.

예 : 연속 납땜 장비는 페로마그네틱 재료로 덮여진 실린더를 가지고 있다. 초과한 용재를 흡수하기 위해 실린더를 미세기공 구조로 사용한다.

✔ 표준 2-4-5

시스템 콘트롤의 효율 향상이 요구되는 상황에서 SFM물질을 페로마크네틱 물질로 대체하는 것이 곤란하다면 물질중 하나에 첨가제를 도입하여 내부 또는 외부에 Complex feSFM을 생성함으로써 전이가 수행된다.

예 : 비자성 물질을 자석으로 운반하기 위해 자성물질을 사용한다.

✔ 표준 2-4-6

시스템 콘트롤의 효율 향상이 요구되는 상황에서 SFM물질을 페로마크네틱 물질로 대체하는 것이 곤란하다면 페로마그네틱 입자는 외부환경에 도입되어야 하며, 자기장을 이용하여 외부 파라메타를 변경시킴으로써 시스템을 콘트롤 할 수 있다.

예 : 기계적 진동은 자극 간을 움직이는 금속, 비페로마그네트 요소에 의해 충격이 흡수된다. 완화시간을 줄이기 위해 간극을 자성유체로 채우는 것이 시행된다.

✔ 표준 2-4-7

페로마그네틱 시스템의 통제성을 물리적 효과를 이용하여 강화된다.

예 : 자장증폭기의 감도를 올리면 코어가 가열된다. 절대온도에서 자장잡음을 줄이기 위해 코어는 큐리점이 0.92-0.99가 되기 위해 홉킨스 효과를 사용한다.

✔ 표준 2-4-8

feSFM의 효율은 Dynamics의 수준을 증가시킴으로써 강화된다. 예를들어 보다 유연하고, 급격하게 변화되는 시스템 구조를 가지면 효율도 증가한다.

Note : 물질을 다이나믹하게 만드는 과정은 조인트로 연결된 두개의 부품으로부터 출발하여 다음의 라인을 따른다.

하나의 조인트 → 여러 개의 조인트 → 유연한 물질

장의 다이나믹스는 장(또는 물질과 장)의 연속적인 효과를 Pulsed Effect로 전이하는 과정에서 증가한다.

예 : 구멍의 벽 두께를 측정하기 위해 다른 한쪽 벽에 페로마그네틱 물질을 놓고 다른 쪽에 측정을 위한 유도 변환기가 설치된다. 측정의 감도를 높이기 위해 페로마그네틱 물질을 필름 형태로 만들어 유연성을 높인다.

✔ 표준 2-4-9

feSFM의 Uniform 또는 무질서 구조를 가진 장을 비균질 또는 한정된 공간-시간적 구조(Constant or Variable)를 가진 장으로 전이하여 강화된다.

Note : 만약 어떤 공간적 구조가 물질에 전달되어진다면, 이러한 Process는 물질의 요구되는 구조에 대응하는 구조를 가지는 장에서 이루어 진다.

예 : 플라스틱 표면에서 파일을 만들기 위해 플라스틱이 가열되고 늘리고 냉각된다. 이 시스템의 성능을 올리기 위해 페로마그네틱 재료가 표면에 적용된다. 표면이 녹으면 자장에 의해 표면이 더욱 늘어난다.

✔ 표준 2-4-10

feSFM의 효율은 시스템 구성요소와 리듬을 매칭시킴으로써 강화된다.

예 : 자장내의 진동이 물체를 분리한다. 가루의 부착력을 감소하기 위해 자장을 역동기화한다.

✔ 표준 2-4-11

페로마그네틱스를 도입하는 것이 매우 어렵거나 자화(Magnetization)시키는 것이 곤란하다면 외부의 전자기장과 전류가 상호 작용하는 eSFM으로 전이하여여 한다. 여기서 전류는 접촉을 통해 전달되거나 또는 비접촉으로 유도될 수 있으며 또는 이러한 전류들 사이의 상호작용을 이용하여 발생된다.

Note : eSFM은 전류가 작용하는 하나의 SFM으로 eSFM의 발전은 Complex - Boosted SFM의 발전라인을 따른다.

단순 eSFM → 복잡 eSFM → 외부 환경내의 eSFM → eSFM의 Dynamization → 구조화 → 리듬 Matching

예 : 금속에서 비자성 파트의 고착력을 증가하려면 그 안에 전기와 자기가 통과하도록 하면 특성이 증가한다.

✔ 표준 2-4-12

만약 자기 유체를 사용될 수 없다면, Electrorheologic Fluid를 적용한다.(예를 들어 톨루엔에 미세한 석영 파우더를 첨가하면 전기장을 이용해서 점도를 조정할 수 있다). Electrorheologic Fluid를 적용한 SFM은 eSFM의 특수 형태이다.

예 : 조정된 점도를 가지는 Electrorheologic Fluid는 충격 흡수에 사용한다.

4.2.4 76표준해 분류 3 : 상위시스템과 미세수준으로의 전이

✍ Group 3-1 : Bi-System 과 Poly-System으로의 전이

✔ 표준 3-1-1

시스템 진화과정의 어떠한 단계에서 시스템의 효율은 시스템은 다른 시스템이나 동일한 시스템과 결합하여 보다 복잡한 Bi- 또는 Poly시스템을 형성함으로써 강화된다.

Note : Bi- 또는 Poly 시스템의 단순한 형성으로 2개 또는 그 이상의 요소를 결합하는 것을 들 수 있다. 결합되는 요소는 물질, 물질-장의 페어, 또는 전체 SFM이 될 수 있다.

예 : 얇은 유리판의 측면을 연마 가공할 때, 여러 개의 유리판을 동시에 가공함으로써 파손을 방지한다.

✔ 표준 3-1-2

Bi- 또는 Poly-시스템의 합성 효율은 시스템 요소간에 링크를 개발함으로써 강화된다.

Note : Bi- 또는 Poly-시스템의 요소간에 링크를 개발하는 것은 보다 단단하게 하거나 보다 다이나믹하게 하는 라인을 따른다.

예 : 3대의 기중기를 이용 동조하여 매우 무거운 물체를 들어올리는 작용을 개선하기 위해 3대 기중기의 작용을 동기화하는 삼각형태의 단단한 물체를 사용한다.

✔ 표준 3-1-3

Bi- 또는 Poly-시스템의 효율은 시스템 구성요소 간의 차이를 크게 하여 강화된다. 이러한 전이는 다음의 라인을 따른다.

유사한 요소(같은 색의 연필) → Biased성질의 요소(다른 색의 연필) → 다른 요소(그림도구 Set) → 요소와 반대 유형의 요소 조합 (연필과 지우게)

예 : 전기음향 변환기의 구동부분은 분할설계로 만들어 진다. 전기/음향적 파라메터의 열적 안정성을 확보하기 위해 인접한 부분은 반대의 열특성을 가진 재료로 만든다.

✔ 표준 3-1-4

Bi- 또는 Poly-시스템의 효율은 보조 부품의 삭감을 통한 통합으로써 강화된다. Bi-, Poly-시스템은 다시 단일시스템으로 전이되고 다른 수준으로의 통합이 반복된다.

예 : 계기판에서 3가지의 서로 다른 표시판이 사용되었으나 제시되고 있는 계기판은 하나의 표시판에 색깔이 서로 다른 바늘 침을 사용하는 것이다.

✔ 표준 3-1-5

Bi- 또는 Poly-시스템의 효율은 비호환적인 성질을 시스템이나 시스템의 부품에 분배함으로써 강화된다. 이는 전체시스템이 하나로써 특정 성질인 C를 가지고, 시스템의 부품 또는 입자는 C의 반대 성질을 가지게 하는2수준 구조를 이용함으로써 달성된다.

예 : Vice의 동작부를 세분화된 판으로 서로 상대 운동을 할 수 있도록 고안함으로써 여러가지 형상의 부품을 신속하게 고정시킬 수 있다.

✍ Group 3-2 : 미세수준으로의 전이

✔ 표준 3-2-1

시스템 개발의 어떠한 단계에서 시스템의 효율은 Macro수준에서 Micro 수준으로 전이하여 강화된다 : 시스템이나 시스템의 부품은 장과 상호작용하면 요구되는 작용을 수행하는 물질로 대체된다.

Note : 다양한 마이크로 수준(크리스탈 격자, 분자, 이온, Domains, 원자, Fundamental Particles, 장, 등)이 존재하므로 마이크로 수준으로의 전이에는 다양한 옵션이 존재하며, 마이크로 수준에서 수준이 더 낮은 다른 마이크로 수준으로의 전이에도 다양한 옵션이 존재하므로 문제를 해결하는 과정에서는 이를 반드시 고려해야 한다.

예 : 미세나사를 사용하여 기구적으로 제어하는 것보다 금속봉을 사용하여 열로써 제어함으로써 미세한 조정이 가능하다. 열팽창효과에 의해 금속봉의 수축과 팽창을 미세하게 제어하는 것이 가능하다.

4.2.5 76표준해 분류 4 : 측정 및 검출 표준

✍ Group 4-1 : 측정/검출 대신에 시스템 변경

✔ 표준 4-1-1

검출이나 측정의 문제가 주어졌다면, 측정이나 검출이 필요하지 않도록 시스템을 변화시킨다.

예 : 영구 전기 모타의 과열을 막기위해 온도센서가 모타의 온도를 감지한다. 만약 모타의 극을 과열 임계 온도점과 동일한 퀴리포인트를 가지는 합금으로 제작한다면 모터의 동작이 스스로 멈출 것이다.

✍ Group 4-2 : 측정시스템의 합성

✔ 표준 4-2-1

어떤 non-SFM의 검출이나 측정이 어렵다면, 이러한 문제는 단순 또는 Dual SFM을 합성함으로써 산출되는 Field를 이용하여 해결될 수 있다. 즉 파라메타를 직접 검출하거나 측정하는 방법대신에 Field에 의해서 발생될 수 있는 다른 파라메타를 검출하거나 측정하는 방법을 적용하는 것이다. 이 경우 시스템내에 도입되는 Field는 파라메타를 쉽게 검출하거나 측정할 수 있어야 하며, 이 파라메타의 상태나 값은 원래 측정하고자 하는 파라메타의 값을 나타낼 수 있어야 한다.

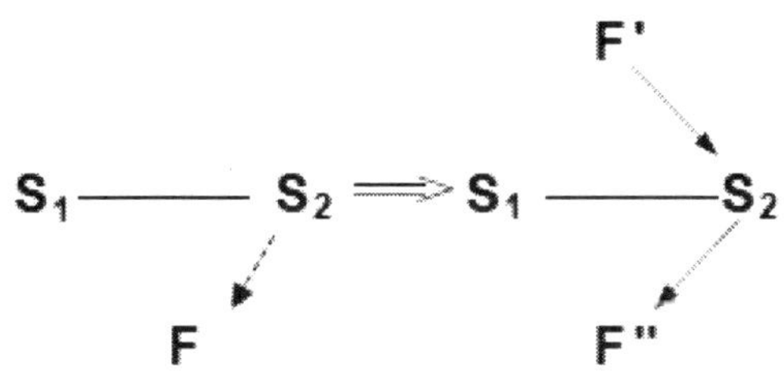

예 : 액체가 끓기 시작하는 순간을 검출하기 위해서 전류를 액체에 통과시키는 방법이 제안될 수 있다. 액체가 끓는 동안에 거품이 발생되어 액체의 전기저항이 급격하게 줄어든다.

✔ 표준 4-2-2

어떤 시스템이나 그 구성요소가 검출이나 측정을 위한 Resource를 제공하지 않는 경우에는 쉽게 검출/측정될 수 있는 첨가물을 도입한 형태의 내부 또는 외부의 복잡게 측정 SFM으로 전이하여야 한다.

예 : 냉장고의 Leakage 검출을 위해서 발광하는 파우더 물질을 냉매에 혼합시킨다.

✔ 표준 4-2-3

주어진 순간적인 시간에 어떤 시스템을 검출하거나 측정하기 어렵고 동시에 시스템내부에 첨가물을 도입하는 것이 곤란하거나 불가능한 경우에는 쉽게 검출/측정가능한 Field를 발생시키는 첨가물을 시스템의 외부에 도입하여야 한다. 이때 외부 환경변화의 상태로써 시스템의 상태를 알 수 있게 되어야 한다.

예 : 다른 디스크와 접촉하여 회전하는 금속 디스크의 마모를 검출하기 위해서 오일 윤활제에 발광 파우더를 첨가하는 것이 제안되고 있다. 오일에 의해 마모된 금속입자들이 수집되고 이로 인해 오일의 발광도가 떨어지게 된다.

✔ 표준 4-2-4

쉽게 검출 가능한 첨가물을 시스템의 외부에 도입하는 것이 불가능한 경우에는 외부 환경 자체를 이용하여 검출하여야 한다. 예를 들어 외부 환경을 분해하거나 외부환경의 통합상태를 변화시킴으로써 시스템의 변화를 검출하여야 한다.

Note : 전기분해나 캐비테이션 그리고 기타 방법등에 의해서 발생되는 가스나 증기거품 등은 외부 환경을 분해시킨 결과로써 발생되는 하나의 첨가제라 생각할 수 있다.

예 : 파이프를 흐르는 물의 속도는 캐비테이션의 결과로써 발생되는 공기방울의 수로 측정이 가능하다.

✍ Group 4-3 : 측정시스템의 개선

✔ 표준 4-3-1

측정 SFM의 효율은 물리적 효과를 적용함으로써 개선 가능하다.

예 : 액체의 온도는 온도값에 따라 가변적인 수축계수의 변화를 측정함으로써 얻을 수 있다.

✔ 표준 4-3-2

시스템의 변화를 직접적으로 측정하거나 검출하는 것이 불가능하고 어떠한 Field도 시스템에 통과될 수 없는 경우, 이러한 문제는 시스템 또는 구성요소의 공진을 이용하여 해결할 수 있다.

예 : 용기 안에 들어있는 물질의 질량을 측정하기 위해 기계적인 공진을 이용할 수 있다. 시스템의 공진주파수는 시스템의 질량과 밀접한 관계를 가진다.

✔ 표준 4-3-3

시스템내에서 공진을 발생시키기 어려운 경우 시스템의 상태를 측정하기 위한 방법으로 시스템 또는 외부 환경의 고유진동수의 변화를 이용하는 것이 제시될 수 있다.

예 : 끓는 액체로 부터 증발하는 가스의 고유진동수를 측정함으로써 끓는 물의 질량을 측정할 수 있다.

✍ Group 4-4 : Ferromagnetic 측정 시스템으로의 전이

✔ 표준 4-4-1

측정 SFM의 효율은 Ferromagnetic물질이나 자기장을 이용하여 개선될 수 있다.

Note : 여기서 언급된 Ferromagnetic이란 조각이 아닌 Ferromagnetic 객체를 사용하는 것을 의미한다.

예 : 선박 표면의 구멍을 찾기 위해 자석을 이용한다. 내부에 영구자석을 움직이면서 마그네토 메터로 자성을 측정하면 구멍을 쉽게 찾을 수 있다.

✔ 표준 4-4-2

검출이나 측정의 효율은 물질중 하나를 페로마그네틱 입자로 대치하거나 또는 페로마그네틱 입자를 추가하는 형태의 Ferromagnetic SFM으로 전이하여 자기장을 검출하거나 측정함으로써 개선될 수 있다.

예: 플라스틱의 연화 경화 정도를 측정하기 위해 페로마그네틱 물질을 첨가하는 것이 요구된다. 자성투과도를 측정하면 된다.

✔ 표준 4-4-3

F-SFM으로 전이하여 측정/검출의 효율을 개선하는 것이 필요하지만 기존의 물질을 페로마그네틱 입자로 변경하는 것이 허락되지 않는 경우, 시스템내 물질 내부에 페로마그네틱 첨가제를 도입하거나 부착하는 형태의 복잡계 F-SFM을 합성함으로써 F-SFM으로 전이하여야 한다.

예: 지층은 가압 액체에 의해 파괴될 수 있다. 이를 조정하기 위해 페로마그네틱 물질을 부가하는 것이 사용된다.

✔ 표준 4-4-4

F-SFM으로 전이하여 측정/검출의 효율을 개선하는 것이 필요하지만 기존의 물질을 페로마그네틱 입자로 변경하는 것이 허락되지 않는 경우, 시스템의 외부 환경에 페로마그네틱 입자를 도입하여야 한다.

예: 모형 배가 움직이면 파도가 생긴다. 이를 연구하기 위해 페로마그네틱 파우더를 물에 첨가한다.

✔ 표준 4-4-5

측정 F-SFM의 검출이나 측정의 효율은 Curie Point, Hopkins & Barkhausen효과 그리고 Magnetoelastic Effect와 같은 물리적 효과를 사용함으로써 향상될 수 있다.

예: 액체 수위계가 비자성 용기에 위치되어 있고 용기 내에 자석과 용기 바깥에 자기감지 물질로 이뤄져 있다. 감도를 올리기 위해 자석은 표면이 액체의 온도보다 낮은 큐리점을 가진 자석물질로 덮여 있어야 한다.

✍ **Group 4-5 : 측정 시스템의 진화**

✔ 표준 4-5-1

진화의 단계에서 측정시스템의 효율은 Bi 또는 Poly시스템을 형성함으로써 개선된다. Bi 또는 Poly시스템을 형성하기 해서는 2개 또는 그 이상의 요소들이 결합된다. 결합되는 요소는 물질, 장, 물질-장의 결합요소 또는 SFM이 될 수 있다.

예 : 작은 벌레의 체온을 정확히 측정하기 위해 여러 마리의 벌레를 한 곳에 모아 놓고 측정하는 것이 제안되고 있다.

✔ 표준 4-5-2

측정시스템은 제어상태의 시스템 기능에 의해 유도되는 것을 측정하는 형태로 진화한다. 전이의 과정은 다음과 같다.

기능의 측정 → 기능에 의해 첫번째로 생성되는 산물을 측정 → 기능에 의해 생성되는 두번째 산물을 측정

예 : 암석에서의 응력의 변화는 암석에서 전기저항이 변화되는 속도에 의해 측정된다.

4.2.6 76표준해 분류 5 : 표준해를 응용하는 표준

✍ **Group 5-1 : 제약조건 하에서 물질(Substance)의 도입**

✔ 표준 5-1-1-1

시스템 내에 물질을 도입하는 것이 필요하지만 허락되지 않는 경우에는 물질대신에 Void를 적용하라

Note : Void는 일반적으로 공기 또는 고체로 형성된 빈 공간과 같은 가스상태의 물질을 의미한다. 경우에 따라서 Void는 액체(거품) 또는 Loose 상태의 물질과 같은 다른 물질에 의해서도 생성이 가능하다.

✔ 표준 5-1-1-2

시스템 내에 물질을 도입하는 것이 필요하지만 허락되지 않는 경우에는 물질대신에 장을 적용하라

예 : 움직이는 축의 늘어남을 알기 위해서 전하가 부가되고 선형저장 밀도를 측정한다.

✔ 표준 5-1-1-3

시스템 내에 물질을 도입하는 것이 필요하지만 허락되지 않는 경우에는 시스템의 외부에 적용하라

예 : 세라믹 용기 벽의 두께를 측정하기 위해 전도성 액체를 용기 안에 채우고 벽과 안의 전기저항을 측정한다.

✔ 표준 5-1-1-4

시스템 내에 물질을 도입하는 것이 필요하지만 허락되지 않는 경우에는 시스템 내부에 매우 소량을 적용하라

예 : 액체의 수류저항을 줄이기 위해 0.2~0.8%의 폴리메탈아크릴레이트를 첨가한다.

✔ 표준 5-1-1-5

시스템 내에 물질을 도입하는 것이 필요하지만 허락되지 않는 경우에는 시스템 내부의 특정부위에 매우 소량을 집중적으로 적용하라

예 : 플라스틱에 전기저항을 주기 위해 전기전도 금속 조각을 첨가한 후 자기장을 부가한 상태에서 고화시킨다.

✔ 표준 5-1-1-6

시스템 내에 물질을 도입하는 것이 필요하지만 허락되지 않는 경우에는 이러한 물질을 일시적으로 도입하고 나서 이후에 제거시킨다.

예 : 비자성 중공물질을 자기적으로 정렬하기 위해 페로마그네틱 물질을 미리 첨가한다.

✔ 표준 5-1-1-7

시스템 내에 물질을 도입하는 것이 필요하지만 허락되지 않는 경우에는 물질의 도입이 허용되는 곳에 객체 대신에 객체의 복사물을 이용한다.

예 : 고체의 부피를 측정하기 위해 2차원 평면상에 부분적 상을 투사한 후 이를 측정한다.

✔ 표준 5-1-1-8

시스템 내에 물질을 도입하는 것이 필요하지만 시스템의 동작조건에 의해 이것이 허락되지 않는 경우에는 화학적 화합물의 형태로 물질을 도입하여 이후에 분해시킨다.

예 : 나무는 암모니아에 의해 연화된다. 나무에 암모니아 염을 부가한 후 온도에 의해 분해되도록 한다.

✔ 표준 5-1-1-9

시스템 내에 물질을 도입하는 것이 필요하지만 허락되지 않는 경우에는 외부환경의 분해 또는 시스템의 분해에 의해 생성되는 물질을 적용한다. 예를들어 전기분해 또는 시스템이나 외부환경을 구성하는 요소의 전체적 상태가 변화함에 따라서 생성되는 물질

예 : 정밀한 전기화학 공정중 전기퇴적물을 제거하기 위해 전극 내의 거품이 사용된다.

✔ 표준 5-1-2

시스템을 요구하는 수준으로 변화시키는 것이 어렵고, 도구로써 작용하는 요소를 다른 것으로 대치하는 것이나 첨가물을 도입하는 것이 허락되지 않는 조건이라면 도구를 상호 작용하는 세분화된 요소로 변경하여 적용한다.

예 : 먼지를 응집하기 위해 흐름을 두개로 나눈다. 각 흐름을 반대의 전하를 부가한 후 충돌시키면 먼지가 응집된다.

✔ 표준 5-1-3

시스템 내에 물질이 도입되어 기능을 수행한 이후에 이 물질은 사라지거나 시스템 내부 또는 외부환경에 존재하는 물질과 구분할 수 없도록 되어야 한다.

Note : 시스템 내부에 도입된 물질은 화학적 작용이나 상태변화 등에 의해 제거되어야 한다.

예 : 알루미나를 녹이기 위해 알루미늄을 도입하여 가열을 시작한다.

✔ 표준 5-1-4

많은 양의 물질을 시스템내에 도입하는 것이 필요하지만 허락되지 않는 경우에는 팽창하는 구조의 Void나 거품 등을 도입한다.

Note : 이러한 물질은 일반적으로 물질이 많아야 함과 동시에 적어야 하는 모순을 해결하는데 적용된다.

예 : 사고 난 비행기를 견인하기 위해 팽창하는 백을 이용한다.

✍ Group 5-2 : 제약조건 하에서 장(Fields)의 도입

✔ 표준 5-2-1

SFM내부에 장이 도입되어야 한다면 시스템이나 구성요소를 형성하는 물질을 매개로 하는 이미 존재하고 있는 장을 우선적으로 이용한다.

Note : 시스템 내부에 존재하고 있는 물질과 장을 이용함으로써 구성요소의 수를 증가시키지 않고 시스템이 수행하는 기능의 수를 증가시킬 수 있으므로 시스템의 이상성이 개선될 수 있다.

예 : 액체 산소안에 가스가 들어 있을 경우 둘 다 기계적 장에 의해 처리할 수 있다. 이 경우 액체를 회전 운동 시키면 가스가 분리된다.

✔ 표준 5-2-2

SFM 내부에 장이 도입되어야 하지만 시스템 내부에 존재하는 장을 적용할 수 없는 경우에는 시스템의 외부환경에 존재하고 있는 장을 이용한다.

Note : 외부 환경의 장(중력, 열, 압력 등)을 이용하는 것은 구성요소 증가 없이 기능의 수를 증가시킬 수 있으므로 시스템의 이상성을 향상시킬 수 있다.

예 : 커다란 다리에서 흡수에 의한 배수 시스템이 설치되어 있다. 연속적인 흡입력을 만들기 위해 강의 흐름을 이용한다.

✔ 표준 5-2-3

SFM 내부에 장이 도입되어야 하지만 시스템 내부 또는 외부에 존재하는 장을 적용할 수 없는 경우에는 시스템의 내부 또는 외부에 존재하고 있는 물질을 매개로 해서 생성될 수 있는 장을 이용한다.

Note : 시스템 내부에 페로마그네틱 물질이 존재하고 이들이 기계적인 목적에 사용되고 있다면 이들의 자기특성을 이용하여 구성요소간의 작용을 개선하거나 시스템의 상태에 대한 정보를 얻는 등 추가적인 효과를 생성할 수 있다.

예 : 공작물과 공구는 열전효과에 의해 열을 측정할 수 있다.

✍ Group 5-3 : 상태전이(Phase Transition)의 활용

✔ 표준 5-3-1

다른 물질의 도입이 없이 이물질의 상태전이를 이용하여 물질사용의 효율을 증가시킬 수 있다.

예 : 지뢰 기동 장치의 경우 압력가스 대신 액화가스가 사용된다.

✔ 표준 5-3-2

동작조건에 따라 하나의 상태에서 또 다른 상태로 변환될 수 있는 물질의 성질을 이용함으로써 두가지 특성을 발휘할 수 있다.

예 : 유전온도를 조절할 수 있는 장치를 가진 두 개의 전극간에 유전물질을 가지는 컨덴서. 축전량의 범위를 늘리기 위해서 유전체는 두개의 층으로 되어있다. 한 층은 투자율을 가지고 온도에 독립이다. 다른 한 층은 금속-유전 상태 변이층을 가진다.

✔ 표준 5-3-3

시스템의 효율은 상태전이에 의해 생성되는 물리적 현상을 이용함으로써 개선될 수 있다.

Note : 상태전이에 의해 전체상태가 변함에 따라 물질의 구조, 밀도, 열전도 등이 달라진다. 또한 상태전이의 과정에서 에너지의 흡수 또는 방출이 일어난다.

예 : 물건을 나르는 것을 얼음으로 만든다. 얼음이 마찰을 줄여준다.

✔ 표준 5-3-4

하나의 상태를 가진 시스템을 두개의 상태를 가진 시스템으로 대치함으로써 시스템이 두가지 특성을 발휘할 수 있다.

예 : 절단 중의 소음을 줄이기 위해 절단면을 거품으로 싼다.

✔ 표준 5-3-5

하나의 상태를 가진 물질을 두개의 상태를 가진 물질로 대치함으로써 시스템의 구성요소(상태)간의 상호작용(물리 또는 화학적)이 도입된 결과를 유도하므로 시스템의 효율은 개선될 수 있다.

✍ Group 5-4 : 물리 Effects의 활용

✔ 표준 5-4-1

하나의 객체가 다른 물리적 상태를 교류해야 한다면, 복구되는 물리적 변환(이온화-재결합, 분해-결합 등)을 이용하여 객체 스스로 이러한 전이를 수행하도록 할 수 있다.

Note : Process를 스스로 조정 가능하거나 안정화시키기 위해서 제공되는 다이나믹 밸런스는 두가지 상태에 의해서 유지되어 진다.

예 : 열에 민감한 밸브를 민들기 위해 형상기억합금을 사용한다.

✔ 표준 5-4-2

시스템에 약한 입력으로 강한 효과를 산출로 하고자 하는 경우에 변환물질(Transformer Substance)을 임계조건에 근접하여 놓아야 한다. 이 경우 에너지는 이 물질에 저장되어 있고 입력신호는 단지 방아쇠 기능을 수행하도록 한다.

예 : 기밀성을 확인하기 위해 용기를 액체에 담군다. 감도를 높이기 위해 액체를 overheat 한다.

✍ Group 5-5 : 물질입자의 획득

✔ 표준 5-5-1

이온과 같은 물질입자가 문제를 해결하기 위해서 필요하지만 문제 조건에 의해 가용하지 않은 경우에는 이 물질입자의 상위구조수준에 존재하고 있는 물질인 분자 등을 분해함으로써 얻는다.

예 : 수소를 고압으로 얻기 위해서 물을 분해하는 장치를 추가하여 고압의 수소를 얻는다.

✔ 표준 5-5-2

분자와 같은 물질입자가 문제를 해결하기 위해서 필요하지만 이 물질입자가 상위구조수준에 존재하고 있는 물질을 분해해서 얻을 수 없다면 이 물질 입자는 이온과 같이 하부구조수준에 존재하고 있는 입자를 결합시켜 얻는다.

예 : 배의 저항을 줄이기 위해 토마스 효과를 사용한다. 이것은 폴리머를 많이 소비한다. 이것을 전자기장 하에서 물과 복합해 사용하는 것을 추천한다.

✔ 표준 5-5-3

물질의 분해 또는 결합이 필요한 경우 가장 용이한 방법은 이 물질의 최근 위치상에 있는 상위구조 또는 하위구조의 요소를 이용하는 것이다.

예 : 안테나를 번개로부터 보호하기 위해 내부를 감압한 공기를 사용한다.벼락이 치면 이것이 이온화하여 전기를 전달한다.

창의적 문제해결 이론과 사례
TRIZ Level 2

2022년 5월 15일 인쇄 발행

저 자 김익철·박영수·송용원·주재만·최승우
발 행 인 송기수
발 행 처 도서출판 GS인터비전
편 집 처 도서출판 GS인디비진
편 집 인 이선경
표지 디자인 디자인 붐
인 쇄 처 GS인터비전
등록번호 제 25100-2016-000050 호
I S B N 979-11-5576-393-3(94500)

주 소 서울 은평구 증산로 15길 69 2층
전 화 02-976-7898
팩 스 02-6468-7898
홈페이지 gsintervision.co.kr
E-Mail gsinter7@gmail.com

정 가 20,000원